Nur Süßes im Sinn

Wir danken allen, die dazu beigetragen haben, dieses Buch entstehen zu lassen:

Hartmut Kiesewetter, Kathrin Kiesewetter, Caroline Kiesewetter, Ralf Stech, Frauke und Friedel Köster, Susanne Pardigon, Elke Meyn, Judith und Dirk Oesterreich, Veronika Lass, Anne Lass, Frank Kämmereit, Elfi Scholze, Imke Junk, Jaqueline Valente, Kristina Steed, Christa Scholten, Ingwer J. Jensen, Leif Tobaben, Monika Krabbenhöft, Kirsten und Wolfgang Schnau, Hans-Peter Wengel, Manfred Schmidt, Dr. Uwe Pautke, Edith und Dieter Kettenburg, Roswitha Steinhorst, Uta Smogrovicz, Corinna Fleißer, Sven Wagenknecht, Helga und Jens Struve, Jutta Röhl, Rudolf Heeschen, Hannelore Potthast, Lieschen Hammerich, Stiftung Schleswig-Holsteinische Landschaft, Gerda Banck, Klaus Rebattu, Katja Kölsch, Louise Könke, Bärbel und Heiner Schuldt, Katrin Kruse, Karin Pannen, Dennis Herbst, Anne-Christine Steinbrück, Maria Wan, Natalia Kirjanowa, Dr. Klaus Pannen, Anja Berthold, Michael Haje, Karen Carstensen, Nicole Meisel, Kirsten Sopha-Alberts, Sabine Petersen, dem gesamten Team vom Schlosscafé und Café Brütt, Tanja Sponholz, Jürgen Sachs, Gianluca Greco, Christin Greco, Angela und Günther Ahr

ISBN 978-3-8042-1328-9

© 2011 by Boyens Buchverlag GmbH & Co. KG, Heide
Alle Rechte vorbehalten
Autorin: Marion Kiesewetter
Redaktion: Marion Kiesewetter
Fotos: Ursula Sonnenberg, Hans Dieter Kellner
Promotion: Hartmut Kiesewetter
Herstellung: Boyens Buchverlag
Herstellungsbetreuung: Tanja Sponholz
Druck: Boyens Offset, Heide
Printed in Germany

Marion Kiesewetter

Nur Süßes im Sinn

Köstliche Rezepte aus norddeutschen Cafés

Fotos von Ursula Sonnenberg
und Hans Dieter Kellner

BOYENS

Lage der Cafés

Inhalt

Vorwort 7

Rosen-Café 8
Glücksburg

Café „Altes Rauchhaus" 20
Padenstedt

Schlosscafé 34
Husum

Galerie-Café Schlossgefängnis 46
Barmstedt

2Fach 58
Kiel

Café „Hof Mühlenwurth" 68
Haselau-Hohenhorst

Deichhof Haseldorf 80
Haseldorf

Café Obstgarten 90
Kappeln

Café „Alte Schule" 100
Wulfshagen

Café Rosengarten & Ambiente 112
Meldorf

Kleines Café im Gewächshaus 124
Heide

Tille's Scheune 136
Neufeld

VORWORT

Liebe Leserinnen, liebe Leser,

nach dem für alle Beteiligten überwältigenden Erfolg der beiden Café-Bücher „Eine Sünde wert …" ① und „Kann denn Süßes Sünde sein?" ② hier nun die Nummer ③: „Nur Süßes im Sinn".

Die Fotografen Ursula Sonnenberg und Hans Dieter Kellner haben sich mit mir erneut auf eine Rundreise durch unser wunderschönes Schleswig-Holstein gemacht und Tolles entdeckt.

Durch den allgemeinen Café-Trend haben inzwischen neue Cafés mit ganz neuen Ideen eröffnet bzw. haben Fans meiner Bücher mich auf ihre Lieblingscafés aufmerksam gemacht.

Aller guten Dinge sind ja bekanntlich drei, denn gut sind die Cafés in diesem Buch alle, und sehr gut und ausgefallen sind die Kuchen und Torten: man hat ab sofort „Nur Süßes im Sinn".

Ihre
Marion Kiesewetter

ROSEN-CAFÉ

Festlich gedeckte Tafel mit „Royal Limoge"-Kaffeegeschirr.

In einer der schönsten Gegenden Norddeutschlands, an der Flensburger Förde, liegt das Wasserschloss Glücksburg. An dieses Schloss grenzt das Rosarium Glücksburg. Angelegt wurde dieser zauberhafte Rosengarten von dem bekannten Rosenzüchter Ingwer J. Jensen. Auf einer Messe in Essen lernte er Christa Scholten kennen, und nach einigen Jahren der Freundschaft fragte er sie, ob sie nicht nach Glücksburg ziehen wolle, denn er habe dort an der Ecke des Rosariums ein Haus angeboten bekommen. Er wusste, dass Christa Scholten von einem kleinen Café träumte. „Ja, ich träumte schon immer davon, und nun wollte ich es wahr machen. Meinem Sohn, dem gelernten Konditor, hatte ich schon öfters über die Schulter geguckt, und mit einem Geschäftsmann wie Ingwer J. Jensen an meiner Seite traute ich mir das nun zu, zumal er sich aus seinem Rosenzucht-Betrieb gerade zurückzog

ROSEN-CAFÉ

„Rosenpapst" Ingwer J. Jensen, der bedeutende Rosenzüchter. Er holte seinerzeit die englischen Rosen nach Deutschland. Ihm zu Ehren ist eine Rose auf den Namen „Ingwer J. Jensen" getauft worden. Direkt neben dem Wasserschloss, dem berühmten Wahrzeichen Glücksburgs, liegt das Rosarium, der zauberhafte Rosengarten des Nordens. Wenn es gewünscht wird, macht Ingwer J. Jensen auch Führungen.

Gäste unter anderem mit Mozart-Torte oder Calvados-Torte, mit Florentiner Apfel-Torte und natürlich mit einer Rosentorte, die natürlich ganz ausgezeichnet in die Welt des Rosenzüchters Ingwer J. Jensen passt. Er hatte die alleinige Lizenz, englische Rosen zu importieren, und hatte Kunden in der ganzen Welt. Wer also das Rosen-Café besucht, sollte unbedingt auch eine Führung durch den Rosengarten mitmachen, und andersherum: Wer nach Glücksburg fährt, um eine Führung durch den Rosengarten zu erleben, sollte unbedingt das traumhafte Rosen-Café von Christa Scholten besuchen und Ingwer J. Jensen erleben – nicht nur der Gaumenfreuden wegen! Ein Rosen- und Kuchenfest!

und sich so mehr dem Café widmen konnte." Ingwer J. Jensen tätigt seitdem die Einkäufe, pflegt die Rosen und sorgt für die Blumenpracht im Café. Christa Scholten kommt sich manchmal vor wie Dornröschen, so zugewachsen ist der Eingang ihres Cafés. Sie träumt auch noch viel, und zwar von neuen Kuchen- und Tortenrezepten. Dann wacht sie auf und schreibt sie schnell auf, um sie am nächsten Morgen zu backen und ihren Gästen zu servieren.
Ihr Café hat 50 Sitzplätze und auf der lauschigen Gartenterrasse verfügt es über weitere 75 Plätze. In den Sommermonaten öffnet das Café bereits um 10:00 Uhr und bietet eine vielseitige Frühstückskarte. Weiter geht es mit herzhaften kleinen Gerichte, und nach Kaffee und Kuchen ist um 18:00 Uhr Feierabend. In den Nachmittagsstunden verwöhnt Christa Scholten ihre Café-

Schloss Glücksburg zählt zu den bedeutendsten Renaissanceschlössern Nordeuropas. Es diente den herzoglichen Linien des Hauses Glücksburg als Stammsitz und war zeitweilig Residenz des dänischen Königshauses.

 Rosen-Café

Rosen-Café

Rosen-Torte

 Rosen-Café

Tiramisu-Torte

Biskuit:
4 Eier
100 g Zucker
100 g Mehl
50 g Speisestärke
1 TL Backpulver

Eier trennen und das Eiweiß mit dem Zucker steif schlagen. Mehl, Speisestärke und Backpulver darübersieben und unterrühren. Den Teig in eine 28-cm-Springform geben und bei 160 °C ca. 30 Minuten backen.

Füllung:
Amaretto
250 g Magerquark
250 g Mascarpone
1 Tasse Espresso-Kaffee (kalt)
2 Pck. Sahnesteif
5 Becher Schlagsahne (à 200 ml)
Kakao
ca. 28 Stück Löffelbiskuits

Den Biskuitboden 2 x teilen und die Oberflächen mit Amaretto beträufeln. Quark, Mascarpone, Kaffee, Sahnesteif und steif geschlagene Sahne miteinander verrühren und auf die Böden verteilen. Die Oberfläche des letzten Bodens etwas dicker einstreichen und mit einem Löffel Wellen hinein drücken. Mit Kakao absieben. Löffelbiskuits der Tortenhöhe anpassen und um den Tortenrand stellen.

Rosen-Café

Erdbeer-Rosen-Bowle

20 Duftrosenblüten (ungespritzt)
2 Fl. milder Rot- oder Weißwein (à 0,7 l)
4 cl Rosenlikör
½ Vanillestange
250 g Erdbeeren, klein geschnitten
1 Fl. Sekt

Rosenblätter vorsichtig abbrausen, abtropfen lassen und in ein Gefäß geben. Wein, Rosenlikör, Vanillestange und Erdbeeren hinzufügen. Zugedeckt 4–6 Stunden ziehen lassen. Das Aroma wird verstärkt, wenn Sie den Wein zuvor etwas erwärmen. Vor dem Servieren die kalte Flüssigkeit in ein Bowle-Gefäß geben und mit gekühltem Sekt aufgießen. Zur Dekoration ausgewählte Rosenblüten auf der Bowle schwimmen lassen.

Rosen-Torte

BISKUIT:
4 Eier
100 g Zucker
100 g Mehl
50 g Speisestärke
1 TL Backpulver
1 Handvoll Rosenblätter (ungespritzt)

FÜLLUNG:
Rosenlikör (nach Bedarf)
200 g Rosengelee
5 Becher Schlagsahne (à 200 ml)
2 Pck. Sahnesteif
Rosenblätter (ungespritzt)

Eier trennen und das Eiweiß mit dem Zucker steif schlagen. Mehl, Speisestärke und Backpulver darübersieben und unterrühren. Zuletzt die Rosenblätter vorsichtig unterheben. Die Masse in eine 28-cm-Springform geben und bei 160 °C ca. 30 Minuten backen. Danach gut auskühlen lassen.

Den Biskuitboden 2 x teilen und die Oberflächen mit Rosenlikör beträufeln. Sahne steif schlagen. Den unteren Boden zuerst mit Rosengelee bestreichen, danach eine Schicht Sahne darauf verstreichen. Den zweiten Boden daraufsetzen und nur mit Sahne bestreichen. Den letzten Boden daraufsetzen, die Oberfläche und den Rand dick mit Sahne bedecken und mit Rosenblättern verzieren. In die Mitte eine Rosenblüte setzen.

Rosen-Café

Mozart-Torte

Biskuit:
4 Eiweiß
100 g Zucker
4 Eigelb
100 g Mehl
50 g Speisestärke
1 TL Backpulver
2 EL Kakaopulver

Eiweiß steif schlagen und den Zucker unterrühren. Eigelb ebenfalls vorsichtig unterheben. Mehl, Speisestärke, Backpulver und Kakao vermischen, über die Masse sieben und unterrühren. Den Teig in eine 28-cm-Springform geben und bei 160 °C ca. 30 Minuten backen.

Füllung:
2 Pck. Vanille-Puddingpulver
750 ml Milch
750 g weiche Butter
250 g Puderzucker
2 EL Kakaopulver
gemahlene Pistazien
1 Schuss Amaretto
Schokoraspel
Schoko-Notenschlüssel

Puddingpulver mit der Milch aufkochen und unter Klarsichtfolie auf Zimmertemperatur abkühlen lassen. Butter und Puderzucker verrühren und den abgekühlten Pudding löffelweise unterheben. Buttercrememasse dritteln. $1/3$ mit Kakaopulver, $1/3$ mit Pistazien und $1/3$ mit Amaretto verrühren.

Biskuitboden in drei Teile schneiden. Den unteren Boden mit der Schoko-Buttercreme bestreichen, darauf den mittleren Boden mit Pistazien-Buttercreme legen. Den letzten Boden und den Rand mit der Amaretto-Buttercreme bestreichen und darauflegen. Schokoraspel am Rand verteilen, oben mit Kakao bestäuben und mit Notenschlüsseln verzieren.

Rosen-Café

Apfelkuchen Florentiner Art

Mürbeteig:
1 Ei
250 g Mehl
1 TL Backpulver
100 g Butter
100 g Zucker

Alle Zutaten gut miteinander verkneten und in eine 28-cm-Springform geben. Den Rand etwas hochziehen.

Füllung:
ca. 2 kg Äpfel
4 Eier
1 ½ Pck. Vanille-Puddingpulver
1 Becher Schmand
etwas Zucker

Äpfel schälen, entkernen und in feine Scheiben schneiden. Anschließend auf den Mürbeteig geben und die Form bis zum Rand füllen. Eier, Puddingpulver, Schmand und Zucker gut verrühren und über die Äpfel gießen. Bei 160 °C ca. 40 Minuten backen.

Belag:
150 g Butter
100 g Zucker
1 Becher Schlagsahne (200 ml)
200 g gehobelte Mandeln

Butter, Zucker und Sahne zusammen aufkochen und anschließend die Mandeln unterrühren. Masse auf dem gebackenen Kuchen verteilen und nochmals backen, bis die Mandeln eine schöne Bräunung haben.

Rosen-Café

Vanille-Stachelbeer-Torte

BISKUIT:
4 Eiweiß
100 g Zucker
4 Eigelb
100 g Mehl
50 g Speisestärke
1 TL Backpulver

FÜLLUNG:
5 Pck. Vanille-Puddingpulver (zum kalt Anrühren)
1500 ml Schlagsahne
3 Gläser Stachelbeeren (à 360 g Abtropfgewicht)
1 Pck. Tortenguss (weiß)
gehobelte Mandeln

Eiweiß steif schlagen und den Zucker unterrühren. Eigelb vorsichtig unterrühren. Mehl, Speisestärke und Backpulver vermischen, über die Masse sieben und unterrühren. Den Teig in eine 28-cm-Springform geben und bei 160 °C ca. 30 Minuten backen.

Puddingpulver und Sahne miteinander verrühren, so dass eine streichfähige Masse entsteht. Stachelbeeren gut abtropfen lassen, Saft für den Tortenguss auffangen. Biskuitboden 2 x teilen. Den unteren Boden mit der Puddingmasse bestreichen und die Stachelbeeren locker darauf verteilen. Das Gleiche mit dem mittleren Boden. Den letzten Boden darauflegen, mit der Puddingmasse einstreichen und ganz mit Stachelbeeren belegen. Tortenguss nach Packungsanleitung zubereiten und über die Stachelbeeren geben. Den Rand mit Mandeln verzieren.

Rosen-Café

Calvados-Torte

Biskuit:
4 Eiweiß
100 g Zucker
4 Eigelb
100 g Mehl
50 g Speisestärke
1 TL Backpulver

Eiweiß steif schlagen und den Zucker unterrühren. Eigelb vorsichtig unterrühren. Mehl, Speisestärke und Backpulver vermischen, über die Masse sieben und unterrühren. Den Teig in eine 28-cm-Springform geben und bei 160 °C ca. 30 Minuten backen.

Füllung:
1 Dose Miniäpfel
200 ml Calvados
4 Pck. Sahnesteif
500 ml Schlagsahne

Miniäpfel gut abtropfen lassen und in Calvados einlegen. Äpfel entnehmen und Calvados mit Sahnesteif verrühren. Schlagsahne steif schlagen und den mit Sahnesteif vorbereiteten Calvados unterrühren.

Biskuitboden 2 x teilen. Den unteren Boden mit Calvados-Sahne bestreichen und einige klein geschnittene Äpfel darauf verteilen. Das Gleiche mit dem mittleren Boden. Den letzten Boden darauflegen, mit Calvados-Sahne einstreichen und mit Tupfen verzieren. Auf jeden Tupfen einen Calvados-Apfel setzen. Den Rand nach Belieben verzieren.

Café „Altes Rauchhaus"

Café „Altes Rauchhaus"

Ehemalige Vorderansicht des Fachhallenhauses aus dem Jahre 1611. Das „Alte Rauchhaus" ist das älteste Haus im Kreis Rendsburg-Eckernförde.

Das „Alte Rauchhaus" in Padenstedt ist 1611 erbaut und damit das älteste Haus im Kreis Rendsburg-Eckernförde. Es ist ein reetgedecktes Fachhallenhaus, an der Hauptstraße gleich neben der Feuerwehr Padenstedts gelegen. In vorigen Jahrhunderten reiften hier noch Schinken und Würste im Rauch, bis Großvater Struve das Haus 1890 kaufte, es als Wohn- und Stallgebäude nutzte und das dazugehörige Land

CAFÉ „ALTES RAUCHHAUS"

bearbeitete. Der Nachkomme Jens Struve beschloss mit seiner Frau Helga, in der Kate ein Café zu eröffnen. Das erklärte Kulturerbe und unter Denkmalschutz stehende Gebäude wurde Anfang 2009 umfangreich renoviert und schon am 3. Oktober mit einem Dorffest bei Musik und Gesang eröffnet.

Seitdem ist das Café „Altes Rauchhaus" Attraktion für Einheimische und Touristen und Anziehungspunkt für Kaffee- und Kuchenliebhaber. Im eigens erbauten Backhaus entstehen die speziellen Leckereien. Allen voran das Aushängeschild des Cafés: die „Rauchhaus-Torte", nach altem Rezept mit Buchweizen gebacken. Weiterhin gibt es „Uromas Apfeltorte", „Schwarzbrot-Torte", „Padenstedter Windbeutel" und „Kaisborsteler Schichtkuchen".

Das Innere des Alten Rauchhauses ist urig gemütlich und stilvoll hergerichtet, mit alten Balken und einem Kamin, der im Winter das Wetter vergessen lässt. Im Sommer sitzt man draußen unter den 500 Jahre alten Bäumen im Naturpark Aukrug. Jens und Helga Struve versuchen ihren Gästen jeden Wunsch von den Lippen abzulesen, ganz besonders bei den Feierlichkeiten wie Klassentreffen, Trauungen, Konfirmationen, dem traditionellen Grünkohlessen und Betriebsfesten. Helga und Jens Struve verabschieden stets zufriedene und dankbare Gäste.

Das Alte Rauchhaus in Padenstedt bei Neumünster bietet Tradition und Aktualität unter einem Dach!

Antiker Küchenschrank aus Eiche.

Eindrucksvoller Ständer des Fachhallenhauses.

Café „Altes Rauchhaus"

CAFÉ „ALTES RAUCHHAUS"

Kaffeetafel mit der eigens für das Alte Rauchhaus kreierten Rauchhaustorte und Padenstedter Windbeuteln.

Café „Altes Rauchhaus"

TIPP:
Zuckerguss wird richtig schön weiß, wenn man ihn statt mit Wasser mit heißer Milch anrührt.

Kaisborsteler Schichtkuchen

MÜRBETEIG:
250 g Mehl
100 g Zucker
125 g Butter
1 Ei
½ Pck. Backpulver

Aus den Zutaten einen Mürbeteig kneten. Backblech mit Backpapier belegen und den Mürbeteig darauf ausrollen. Bei 180 °C Umluft ca. 10 Minuten backen.

BISKUIT:
5 Eier
1 Tasse Zucker
1 Tasse Kartoffelmehl
1 Pck. Backpulver

Eier und Zucker schaumig schlagen. Mehl und Backpulver mischen, über den Eischaum sieben und vorsichtig unterheben. Ein zweites Backblech mit Backpapier belegen und den Teig darauf glattstreichen. Bei 175 °C Umluft ca. 15–20 Minuten backen.

BUTTERCREME:
500 ml Milch
100 g Zucker
1 Pck. Vanille-Puddingpulver
250 g Butter

Aus Milch, Zucker und Puddingpulver einen Pudding kochen. Noch lauwarm die Butter unterrühren. Pudding und Butter sollten die gleiche Temperatur haben.

GUSS:
200 g Puderzucker
Zitronensaft
Haselnusskrokant

Buttercreme auf dem Mürbeteig verteilen. Den Biskuitboden darauf legen und mit dem Zitronenguss bestreichen. Mit Krokant bestreuen.

CAFÉ „ALTES RAUCHHAUS"

Rauchhaus-Torte

MIT BUCHWEIZENBODEN

RÜHRTEIG:
250 g Margarine
250 g Zucker
3 Eigelb
250 g Buchweizenmehl
1 Pck. Vanillezucker
3 Eiweiß, steif geschlagen

Aus allen Zutaten, bis auf den Eischnee, einen Rührteig herstellen. Den Eischnee zum Schluss vorsichtig unterheben. Teig in eine 28-cm-Springform füllen und bei 160 °C ca. 35–40 Minuten backen. Aus der Form lösen und auskühlen lassen.

TIPP:
Rührteig nicht zu lange in der Küchenmaschine rühren (ca. 2 Minuten reichen), er wird sonst zäh. Ist der Teig zu fest, 3–4 EL Milch oder Rum hinzufügen.

FÜLLUNG:
500 ml Milch
1 Pck. Vanille-Puddingpulver
300 g rote Johannisbeeren
100 ml Johannisbeersaft
Puddingpulver zum Andicken
3 Becher Schlagsahne (à 200 ml), geschlagen

Pudding nach Packungsanleitung kochen und abkühlen lassen. Johannisbeeren von den Rispen zupfen, abbrausen und gut abtropfen lassen. Johannisbeersaft erhitzen und mit etwas Puddingpulver andicken. Anschließend die Johannisbeeren hinzutun und mit Zucker abschmecken. Tortenboden 2 x teilen. Auf den unteren Boden die Johannisbeeren auftragen und mit etwas Sahne bestreichen. Den mittleren Boden auf die Beeren legen und mit Vanillepudding bestreichen. Den dritten Boden auflegen und die ganze Torte rundherum mit Sahne einkleiden und verzieren.

 CAFÉ „ALTES RAUCHHAUS"

Friesische Käsetorte

TIPP:
Sehr knusprig werden Streusel, wenn man 2 EL Zucker durch flüssigen Honig ersetzt.

MÜRBETEIG:
300 g Mehl
125 g Zucker
1 EL Zimt
1 Pck. Vanillezucker
175 g Butter
1 Ei
1 Prise Salz
250 g Pflaumenmus

BELAG:
750 g Magerquark
250 g Schmand
200 g Zucker
6 Eier
1 Pck. Vanillezucker
100 ml Schlagsahne
abgeriebene Zitronenschale (unbehandelt)
2 Pck. Vanille-Puddingpulver
100 g zerlassene Butter

Aus den Zutaten einen Mürbeteig kneten, davon ein kleines Stückchen für den Streusel beiseitelegen. Den Rest in eine 28-cm-Springform drücken. Pflaumenmus auf dem Teig verstreichen.

Alle Zutaten miteinander verrühren und auf das Pflaumenmus geben. Bei 175 °C Umluft ca. 60 Minuten backen. Nach 25 Minuten den Streusel darüber streuen.

CAFÉ „ALTES RAUCHHAUS"

Nougat-Torte

BODEN:
12 Zwieback
200 g Nussnougat
1 Würfel Biskin

Zwieback zerdrücken. Nussnougat und Biskin erwärmen und mit den Bröseln vermischen. Anschließend eine Tortenplatte mit einem Tortenring belegen, die Masse hineindrücken und kalt stellen.

BISKUIT:
4 Eier
4 geh. EL Zucker
3 geh. EL Kartoffelmehl
1 geh. EL Weizenmehl
2 TL Backpulver

Eier trennen. Eiweiß steif schlagen und dabei den Zucker einrieseln lassen. Eigelb dazugeben und nochmals durchschlagen. Mehl und Backpulver vermischen, sieben und unter die Masse heben. Eine 28-cm-Springform mit Backpapier auslegen und den Teig hineinfüllen. Bei 170 °C ca. 20–30 Minuten backen, auskühlen lassen und halbieren.

FÜLLUNG:
5 Becher Schlagsahne (à 200 ml)
2 Tafeln Schokolade (Zartbitter und Vollmilch)

800 ml Sahne am Vortag mit der Schokolade aufkochen und über Nacht in den Kühlschrank stellen.
Restliche Sahne steif schlagen und den Nussnougatboden damit bestreichen.
Eine Hälfte des Biskuitbodens auf die Sahne legen. Schokosahne aufschlagen und $1/3$ auf dem Boden verstreichen. Zweite Hälfte des Biskuitbodens auflegen, Torte mit dem Rest Schokosahne einstreichen und mit Sahnehäubchen garnieren.

CAFÉ „ALTES RAUCHHAUS"

Padenstedter Windbeutel

250 ml Milch
100 g Butter
1 Prise Salz
125 g Mehl
4 Eier
1 EL Zucker
½ Pck. Vanillezucker
1 gestr. TL Backpulver
Schlagsahne

Milch mit Butter und Salz zum Kochen bringen. Mehl auf einmal hinzuschütten und alles unter Rühren rasch zu einem Kloß verarbeiten, bis er sich vom Topfboden löst. Zunächst nur ein Ei unter den Teig rühren, nach und nach die restlichen Eier. Zum Schluss Zucker, Vanillezucker und Backpulver unterrühren.
Den Teig in eine Spritztüte füllen und Häufchen auf ein bemehltes Backblech setzen. Bei 200 °C Ober- und Unterhitze ca. 25 Minuten backen. Sofort nach dem Backen aufschneiden, erkalten lassen und mit geschlagener Sahne füllen.

CAFÉ „ALTES RAUCHHAUS"

Apfel-Schmand-Torte

RÜHRTEIG:
120 g Butter
200 g Mehl
125 g Zucker
1 TL Backpulver
1 Prise Salz
2 Eier
2–3 EL Schlagsahne

1 Pck. Vanille-Puddingpulver
200 ml Schlagsahne
1 Pck. Sahnesteif
200 g Schmand
2 EL Zucker
150 g gehobelte Mandeln
50 g Zucker

Zutaten zu einem Rührteig verrühren, in eine 28-cm-Springform geben und bei 150 °C Umluft ca. 15–20 Minuten backen. Gut auskühlen lassen.

BELAG:
1 kg Äpfel
200 ml Apfelsaft
5 EL Zitronensaft
50 g Zucker

Äpfel schälen und in Stücke schneiden. Apfelsaft, Zitronensaft und Zucker erhitzen, Äpfel hinzutun und mit Puddingpulver andicken. Anschließend auf den Tortenboden geben und eine Stunde kalt stellen.

Sahne mit dem Sahnesteif steif schlagen, den Schmand unterheben und mit Zucker süßen. Anschließend auf der Apfelmasse verteilen. Mandeln und Zucker in der Pfanne leicht bräunen, abkühlen lassen und auf der Schmand-Sahne verteilen.

CAFÉ „ALTES RAUCHHAUS"

Schwarzbrot-Torte

BISKUIT:
9 Eier
175 g Zucker
300 g Schwarzbrot, gerieben
200 g gemahlene Mandeln
1 geh. TL Backpulver

1000 ml Schlagsahne, steif geschlagen
Zucker zum Süßen

Eier trennen. Eiweiß in eine Schüssel geben und anschlagen. Zucker hinzugeben und zu einer festen Creme schlagen. Eigelb hinzugeben und gut durchschlagen. Schwarzbrot, Mandeln und Backpulver darunterheben.

Den Teig in eine 30-cm-Springform füllen, in den kalten Backofen stellen und bei 170 °C Umluft ca. 30–45 Minuten backen. Gut auskühlen lassen.

Boden 2 x teilen. Anschließend die Böden mit Sahne bestreichen und aufeinanderlegen. Die ganze Torte mit Sahne einkleiden und garnieren.

CAFÉ „ALTES RAUCHHAUS"

Uromas Apfelkuchen

BODEN:
350 g Zwieback
250 g Butter

BELAG:
1 Glas Apfelmus
2 Becher Schlagsahne
(à 200 ml)

Zwieback zerkleinern. Butter zergehen lassen. Anschließend beides in einer Pfanne anbräunen und danach erkalten lassen. ²/₃ des Bröselteiges in eine 26-cm-Springform geben. Eine 2 cm dicke Apfelmusschicht darauf verstreichen und anschließend den Rest vom Bröselteig darüberstreuen. Sahne steif schlagen und die Torte damit verzieren oder die Sahne dazu reichen.

Schlosscafé

SCHLOSSCAFÉ

Schlösser sind an der Nordsee eher eine Seltenheit. Um so stattlicher erhebt sich das Schloss vor Husum, in dessen Nordflügel heute das Schlosscafé als Ausbildungs-Betrieb des Theodor-Schäfer-Berufsbildungswerkes von Karen Carstensen geleitet wird. Sie betreibt es in den herzöglichen Räumlichkeiten im Sinne von Herzogin Augusta, die diesen Flügel um 1620 als Küche bauen ließ und nur vorbildliche Produkte duldete, denn sie war königliche Prinzessin und im stetigen Wettstreit mit König Christian dem IV. von Dänemark. Aber hier wird nicht nur ein Café betrieben, sondern der Nordflügel ist auch eine Ausbildungsstätte für junge Menschen in verschiedenen gastronomischen Berufen. Das Theodor-Schäfer-Berufsbildungswerk ist der Initiator für diese Ausbildungsstätte, in der hörgeschädigte junge Menschen sowie Rehabilitanden/-innen mit Lernbehinderung oder leichten körperlichen Handicaps eine Lehrstelle finden. Sie werden professionell und liebevoll betreut und ausgebildet.

Das Monogramm der Herzogin Augusta mit dem Buchstaben „A" befindet sich noch heute über dem Eingang des Schlosscafés.

Karen Carstensen: „Wir vermitteln traditionelle Rezepte wie z.B. die heimische Schoko-Birnen-Torte aber komplettieren auch in unserer Experimentierküche unser Angebot. Im Frühjahr geht es los, natürlich mit Rhabarber-Baiser-Kuchen, es folgen Erdbeeren, Stachelbeeren, Johannisbeeren und Himbeeren. Im Herbst gibt es dann Aprikosen-, Zwetschgen- oder Pflaumenkuchen. Die Eierlikör-Torte im Frühling und die berühmte Friesentorte dürfen natürlich nicht fehlen. Im Schnitt haben wir 25 Torten am Tag, sonntags noch mehr!" Etwa 12 Auszubildende aus ganz Deutschland erhalten hier eine fundierte Ausbildung.

Da im Schlosscafé und im Filial-Café Brütt, das sich im Nordsee-Museum befindet, alles selber gemacht wird, ist der Tagesablauf sehr umfangreich. Da werden Servietten gefaltet, Tische eingedeckt,

Das Schloss vor Husum – so genannt, weil es zu seiner Erbauungszeit vor der Stadtgrenze lag. Blick auf die gartenseitigen Fassaden des südlichen Seiten- und des Mittelflügels.

SCHLOSSCAFÉ

Torten und Kuchen gebacken und serviert und zum Schluss natürlich alles gründlich gereinigt. Aber obwohl das Backen Schwerpunkt ist, muss morgens noch das Frühstücksbuffet mit Aufschnitt- und Salatplatten und allem Drum und Dran hergerichtet werden, sonntags sogar bis 13:30 Uhr für Langschläfer. Karen Carstensen und ihr Team schaffen das Kunststück, zum einen dem Café-Publikum den Aufenthalt zu verschönern und zum anderen den Auszubildenden die Möglichkeit zu geben, ins normale Berufsleben integriert werden zu können. Am Ende der dreijährigen Ausbildung machen sie eine Abschlussprüfung vor der Industrie- und Handelskammer.

Damit werden, unter dem Schutzschirm des Theodor-Schäfer-Berufsbildungswerkes, gute Kräfte ausgebildet. Ein beispielhaftes Modell!

Es sind inzwischen schon drei Cafés, die vom Berufsbildungswerk betrieben werden: „Schlosscafé" im Schloss vor Husum, „Café Brütt im Nissenhaus", das nach dem bekannten Bildhauer Adolf Brütt benannt wurde, und schließlich das Restaurant und Gästehaus „Seebüll" auf dem Gelände des bekannten Emil-Nolde-Museums.

Bleibt noch zu bemerken, dass es sich empfiehlt, vor dem Besuch im Schlosscafé zu reservieren, denn das Café ist wegen seiner malerischen Lage, seinem historischen wunderschönen Ambiente und seiner Qualität in Sachen Essen, Trinken und Service ein absoluter Geheimtipp.

Im Nordflügel des Husumer Schlosses befindet sich das Schlosscafé. Dieser Teil der Gesamtanlage des Schlosses ist nicht ganz so alt wie der Hauptbau. Er wurde wohl erst im zweiten Jahrzehnt des 17. Jahrhunderts errichtet, und zwar als Küchentrakt für den Hof.

Rotunde im Café Brütt. In der Adventszeit werden hier Märchenstunden für Kinder und Erwachsene abgehalten.

Café Brütt im NordseeMuseum in Husum, benannt nach dem in dieser Stadt geborenen Bildhauer Adolf Brütt (1855–1939). Von ihm stammen die Theodor-Storm-Büste im Schlosspark und der Tine-Brunnen, der zu einem Wahrzeichen Husums wurde.

 SCHLOSSCAFÉ

SCHLOSSCAFÉ

Dornfelder Kirschtorte

SCHLOSSCAFÉ

Dornfelder Kirschtorte

KNETTEIG:
180 g Mehl
1 TL Backpulver
80 g Zucker
1 Pck. Vanillezucker
1 Prise Salz
1 Ei
80 g Butter

Aus den angegebenen Zutaten einen Knetteig herstellen. ⅔ des Teiges auf einem 26-cm-Springformboden ausrollen. Den übrigen Teig zu einer Rolle formen und als Rand auf den Boden legen, sodass ein etwa 3 cm hoher Rand entsteht.

FÜLLUNG:
2 Gläser Sauerkirschen (à 370 g Abtropfgewicht)
2 Pck. Schokoladen-Puddingpulver
200 g Zucker
750 ml Dornfelder Rotwein

Für die Füllung die Kirschen gut abtropfen lassen. Puddingpulver mit Zucker und Rotwein nach Packungsanleitung zubereiten. Kirschen unterheben und die Füllung auf dem Boden verteilen. Bei 160 °C Heißluft ca. 50–60 Minuten backen. Anschließend in der Form auskühlen lassen.

BELAG:
500 ml Schlagsahne
1 TL Zucker
½ TL Zimtpulver zum Bestäuben

Schlagsahne und Zucker steif schlagen und in einen Spritzbeutel mit großer Lochtülle füllen. Tupfen auf die Torte spritzen und kurz vor dem Servieren mit Zimt bestäuben.

Apfelkuchen mit Streusel

RÜHRTEIG:
225 Butter
100 g Zucker
4 Eier
1 Pck. Vanillezucker
300 g Mehl
1 Pck. Backpulver
1,5 kg Äpfel

Butter, Zucker, Eier und Vanillezucker schaumig rühren. Mehl und Backpulver mischen und unterrühren. Den Teig auf ein Backblech geben und glattstreichen. Äpfel schälen, halbieren, entkernen, in Spalten schneiden und auf den Teig legen.

STREUSEL:
375 g Mehl
200 g Zucker
250 g Butter
1 Pck. Vanillezucker
etwas Zimt oder Zitronenschale

Alle Zutaten in eine Schüssel geben, zu Streusel kneten und auf den Äpfeln gleichmäßig verteilen. Im vorgeheizten Backofen bei 160 °C Heißluft 60 Minuten backen.

SCHLOSSCAFÉ

Rhabarberkuchen mit Baiser

RÜHRTEIG:
5 Eigelb
1 Ei
5 EL Zucker
5 EL Schlagsahne
175 g Butter
350 g Mehl
1 Pck. Backpulver

2,5 kg Rhabarber

Aus den angegebenen Zutaten (außer Rhabarber) einen Rührteig herstellen und auf ein Backblech streichen.
Rhabarber waschen, in Stücke schneiden und auf dem Teig verteilen. Bei 160 °C ca. 20 Minuten vorbacken.

TIPP:
Baiser wird fester, zieht man eine Messerspitze Speisestärke unter die Masse.

BAISER:
5 Eiweiß
250 g Zucker

Eiweiß und Zucker steif schlagen, auf dem Kuchen verteilen und weitere 20 Minuten backen.

TIPP:
Eier trennen ist gar nicht so leicht. Einfacher geht es mit einem Trichter. Das Ei aufschlagen und in einen Trichter geben. Das Eiweiß läuft durch die Trichteröffnung und das Dotter bleibt hängen.

 SCHLOSSCAFÉ

Joghurt-Törtchen

BISKUIT:
6 Eier
90 g Zucker
60 g Mehl
60 g Speisestärke
1 Prise Salz
2 TL Backpulver

Eier trennen und das Eiweiß steif schlagen. Zucker langsam einrieseln lassen. Das Eigelb unterziehen. Mehl, Speisestärke und Salz mit dem Backpulver vermischen, sieben und vorsichtig unterheben. Anschließend auf ein vorbereitetes Backblech streichen und bei 160 °C Heißluft ca. 12–15 Minuten backen. Aus dem erkalteten Biskuitboden mit einem Ring kleine Törtchen ausstechen (7,5–9 cm Durchmesser).

FÜLLUNG:
7 Blatt Gelatine (weiß)
500 g Joghurt
Saft von 2–3 Zitronen
Zucker nach Belieben
500 ml Schlagsahne

Gelatine nach Packungsanweisung einweichen. Joghurt mit Zucker und Zitronensaft verrühren und abschmecken. Schlagsahne steif schlagen. Gelatine ausdrücken, auflösen und zur Joghurtmasse geben, danach die steif geschlagene Sahne unterheben. Den Ring (oder Ringe) um das Törtchen legen und die Füllung in das Förmchen geben. Anschließend in den Kühlschrank stellen und fest werden lassen.

BELAG:
versch. Früchte der Saison
3 Pck. Tortenguss (weiß)
9 EL Zucker

SCHLOSSCAFÉ

Die verschiedenen Früchte auf der Joghurtmasse verteilen. Tortenguss nach Packungsanweisung zubereiten, etwas erkalten lassen und anschließend über den Früchten verteilen. Die Törtchen vor dem Servieren ca. 4 Stunden in den Kühlschrank stellen.

Schokoladen-Cupcakes

12 STÜCK

150 g Blockschokolade

RÜHRTEIG:
100 g Butter
250 g Mehl
2 TL Backpulver
150 g Zucker
1 Pck. Vanillezucker
1 Prise Salz
2 Eier
100 ml kalter Kaffee

Blockschokolade im Wasserbad auflösen. Aus den restlichen Zutaten einen Rührteig herstellen. Die aufgelöste Schokolade zum Rührteig geben. Den Teig in Muffinförmchen füllen und bei 160 °C Heißluft ca. 25 Minuten backen.

CUPCAKES (in Großbritannien auch fairy cakes genannt) sind veredelte Muffins, sie wurden ursprünglich in einer kleinen Tasse (engl. cup) gebacken. Liebevoll dekorierte, cremegekrönte Mini-Kuchen, leicht und fluffig, gekrönt mit Früchten, Schokostreusel oder essbaren Blüten. Sie werden auch sehr gerne als Dessert serviert.

Nuss-Cupcakes

12 STÜCK

RÜHRTEIG:
250 g Mehl
3 TL Backpulver
200 g Honig
100 g geraspelte Schokolade
200 g geriebene Haselnüsse
200 g Butter
4 Eier

Aus den angegebenen Zutaten einen Rührteig herstellen. Den Teig in Muffinförmchen füllen und bei 160 °C ca. 25 Minuten backen.
Die abgekühlten Cupcakes nach Belieben und Geschmack verzieren, z.B. mit Bayrisch Creme, Vanille-Paradiescreme, Eierlikör-Sahne oder Preiselbeer-Sahne. Mit Krokant, Pistazien, Schokoraspel oder Schokolinsen garnieren, wobei der Fantasie keine Grenzen gesetzt sind.

TIPP:

Vanille-Frischkäse-Creme:
100 g weiße Schokolade im Wasserbad schmelzen. 200 g Doppelrahm-Frischkäse in einer Rührschüssel mit dem Mixer glattrühren. 50 g weiche Butter, 1 Päckchen Vanillezucker und die geschmolzene Schokolade miteinander verrühren und zum Frischkäse geben. Zuletzt 3 EL Milch unterrühren. Die Creme als Haube auf die Cupcakes spritzen und verzieren.

SCHLOSSCAFÉ

Zwetschgenkuchen mit Haselnüssen und Marzipan

2,5 kg Zwetschgen
300 g Zucker
300 g Marzipan-Rohmasse
300 g Butter
5 Eier
300 g gemahlene Haselnüsse
300 g Mehl

Zwetschgen waschen, halbieren und entkernen. Zucker und Marzipan-Rohmasse miteinander verkneten, Butter dazugeben und verrühren. Eier schaumig schlagen und zur Teigmasse geben. Haselnüsse und Mehl unterrühren. Fettfangschale ausfetten, den Teig daraufgeben und glattstreichen. Zwetschgenhälften hochkant dicht an dicht in den Teig stecken. Bei 160 °C Heißluft 60 Minuten backen.

TIPP:
Damit sich das Marzipan besser unter den Teig rühren lässt und keine Klümpchen bildet, reiben Sie es mit einer Haushaltsreibe zu den anderen Zutaten.

TIPP:
Bestreuen Sie den Teig des Zwetschgenkuchens mit etwas Grieß. Dadurch kann der Saft beim Backen nicht herauslaufen. Den Grieß schmeckt man später nicht durch.

SCHLOSSCAFÉ

Eierlikör-Torte

RÜHRTEIG:
5 Eier
80 g Zucker
100 g Butter
2 EL Cognac
2 EL Rum
100 g gemahlene Haselnüsse
100 g gemahlene Mandeln
100 g Schokoraspel
1 TL Backpulver

Eier und Zucker schaumig schlagen. Restliche Zutaten zur Masse geben und einen Rührteig herstellen. Teig in eine 26-cm-Springform geben und bei 160 °C 30 Minuten backen. Danach gut auskühlen lassen. Tortenboden auf eine Tortenplatte geben und mit einem Tortenring umlegen.

FÜLLUNG:
2 Gläser Sauerkirschen
(à 370 g Abtropfgewicht)
Vanille-Puddingpulver zum Andicken

Kirschen mit Saft erhitzen, mit Vanille-Puddingpulver andicken und auf dem Tortenboden verteilen. Anschließend erkalten lassen.

BELAG:
750 ml Schlagsahne
100 ml Eierlikör
Schokodeko

Sahne steif schlagen, in einen Spritzbeutel mit Sterntülle füllen und die Torte mit Tupfen verzieren. Eierlikör in die Mitte der Torte geben, vorsichtig schwenken, damit er sich bis zu den Tupfen gut verteilt.
Die Sahnetupfen mit Schokodeko verzieren.

Galerie-Café Schlossgefängnis

 ## GALERIE-CAFÉ SCHLOSSGEFÄNGNIS

Im Süden Schleswig-Holsteins, nahe Elmshorn, liegt die idyllische Kleinstadt Barmstedt am Rantzauer See. Im Rantzauer See liegt die historische Schlossinsel mit klassizistischen Gebäuden aus alter Zeit: ein Herrenhaus, ein königliches Gerichtshaus, ein Gerichtsschreiberhaus, eine kleine Remise und das ehemalige Gefängnis, das in ein Café umgewandelt wurde. Dieses Café, "Galerie-Café Schlossgefängnis" wird seit Januar 2010 von der sympathischen Karin Pannen geleitet, und zwar höchst professionell, denn Karin ist wahrlich überqualifiziert. Sie ist Restaurantfachfrau und hat einen beispielhaften Ausbildungsweg hinter sich. Nach dem Abitur lernte sie zuerst im Hamburger Hotel "Vier Jahreszeiten", ging dann nach London ins berühmte "Dorchester Hotel" am Hyde Park, um dann noch anschließend in der Schweiz ihr Fach zu studieren – eine Garantie dafür, dass in ihrem Hause alles 1a klappt und man das Essen und den Service einfach nur genießen kann.

Unter dem Terrassendach genießt man im Sommerhalbjahr Kaffee und Kuchen.

Schon das Ambiente des Schlossgefängnisses ist außergewöhnlich. Die Zellen für die ehemaligen Häftlinge und die anderen Räumlichkeiten sind weitgehend so belassen wie in früheren Jahrhunderten und bilden eine schaurig schöne Kulisse für einen Erlebnisbesuch. "Normale" Café-Besucher können hier gemütlich Kaffeestunde halten und im Sommer auf der schönen großen Terrasse den Ausblick auf den Rantzauer See genießen. Aber auch spezielle Events kann man sich von Karin Pannen ausrichten lassen: Hochzeiten, Jubiläen und andere Festlichkeiten bis zu 40 Personen werden hier liebevoll ausgerichtet. Geradezu prädestiniert scheint das Gefängnis im humorvollen Sinne für Junggesellenabschiede. In den ehemaligen Zellen sitzen dann die Teilnehmer hinter Gittern mit Sträflingsmützen vor Blechtel-

In den historischen Räumen des Schlossgefängnisses genießt man, nach einem Spaziergang über die Schlossinsel, selbst gebackene Kuchen und Torten.

GALERIE-CAFÉ SCHLOSSGEFÄNGNIS

lern und werden vom Gefängnispersonal (Schauspieler) bedient und bewacht. Wer zum Beispiel mal kurz raus möchte, muss sich formell abmelden, um nicht zur Strafe länger „sitzen" zu müssen. Alles in allem ein großer Spaß und ein unvergessliches Erlebnis.

Ein unvergessliches Erlebnis sind aber auch die Kuchen und Torten von Karin Pannen. In ihrer Hightec-Küche wird natürlich alles selbst gebacken. Da ist zum Beispiel der Vollwertkirschkuchen aus reinen Naturprodukten, für ausgesprochene Schleckermäuler die Erdbeer-Sahne-Torte, der Johannisbeer-Baiser-Kuchen und der Knaller für Hochzeitsfeiern: die Himbeerherz-Torte, mit einem knallroten Herz – für Leute, die sich im Gefängnis „lebenslänglich" das Jawort geben wollen im eigens dafür vorhandenen Trauzimmer.

Heiraten im Schlossgefängnis ist etwas ganz Besonderes. Im Trauzimmer können Sie sich ein „Lebenslänglich" versprechen.

Im Schlossgefängnis findet auch Erlebnisgastronomie statt. Das „Knastessen" ist ein passendes Event für Junggesellenverabschiedungen.

Dieses hat von der Gemeinde Barmstedt ausdrücklich die offizielle Berechtigung dafür bekommen. Überhaupt hat Karin Pannen der Stadt Barmstedt sehr viel zu verdanken. „Das starke Engagement der Gemeindevertreter, den Ort und die Schlossinsel Barmstedt attraktiv zu gestalten, macht natürlich auch mein Café anziehender, und ich muss immer wieder sagen, dass ich dafür sehr dankbar bin."

„Galerie-Café Schlossgefängnis", ein kulinarisches Kleinod und absoluter Geheimtipp!

49

GALERIE-CAFÉ SCHLOSSGEFÄNGNIS

GALERIE-CAFÉ SCHLOSSGEFÄNGNIS

Erdbeer-Sahne-Torte und Kirsch-Schoko-Mandel-Torte

GALERIE-CAFÉ SCHLOSSGEFÄNGNIS

Himbeerherztorte

Biskuit:
3 Eier
2 EL heißes Wasser
125 g Zucker
1 Pck. Vanillezucker
75 g Mehl
75 g Speisestärke
2 TL Backpulver

Eier und heißes Wasser mit dem Handrührgerät auf höchster Stufe 1 Minute schaumig rühren. Zucker und Vanillezucker vermischen und unter Rühren einstreuen. Weitere 2 Minuten schlagen, bis die Masse cremig ist. Mehl und Speisestärke vermischen und nach und nach auf niedrigster Stufe einarbeiten. Teig in eine mit Backpapier ausgelegte Herzform von 26 cm Durchmeeser füllen und auf mittlerer Schiene bei 175 °C ca. 20–30 Minuten backen. Anschließend auf einem Kuchengitter auskühlen lassen.

Belag:
500 ml Milch
1 Pck. Vanille-Puddingpulver
2 EL Zucker
600–700 g Himbeeren
1 Pck. Tortenguss (rot)
ca. 300 ml Schlagsahne, geschlagen

Pudding nach Packungsanleitung zubereiten, abkühlen lassen und auf dem Biskuitboden verstreichen. Himbeeren auf dem Pudding verteilen. Tortenguss nach Packungsanleitung herstellen und über die Himbeeren gießen. Ist der Guss fest, das Herz mit Sahne verzieren.

Schlossgefängnis-Cocktail

2 Gläser:

15 Erdbeeren
2 cl Erdbeersirup
10 cl Sekt od. Champagner

Erdbeeren putzen, abbrausen, pürieren und mit dem Erdbeersirup vermischen. Auf zwei Sektgläser verteilen und mit Sekt aufgießen. Mit einer Erdbeere verzieren.

GALERIE-CAFÉ SCHLOSSGEFÄNGNIS

Johannisbeer-Baiser-Kuchen

RÜHRTEIG:
250 g Margarine
200 g Zucker
375 g Mehl
8 Eigelb
1 Pck. Vanillezucker
1 Pck. Backpulver
100 ml Milch

Alle Zutaten miteinander verrühren und den Teig auf ein gefettetes Backblech streichen.

BELAG:
1 kg frische Johannisbeeren
8 Eiweiß
375 g Puderzucker

Johannisbeeren von den Rispen zupfen, abbrausen und gut abtropfen lassen. Anschließend auf dem Teig verteilen. Eiweiß und Puderzucker steif schlagen und auf den Johannisbeeren verstreichen. Bei 160 °C ca. 45 Minuten auf mittlerer Schiene backen.

TIPP:
Backbleche lassen sich sparsamer einfetten, wenn man sie zuvor kurz in den vorgeheizten Backofen stellt.

GALERIE-CAFÉ SCHLOSSGEFÄNGNIS

Erdbeer-Sahne-Torte

BISKUIT:
3 Eier
2 EL heißes Wasser
125 g Zucker
1 Pck. Vanillezucker
75 g Mehl
75 g Speisestärke
2 TL Backpulver

Eier und heißes Wasser mit dem Handrührgerät auf höchster Stufe 1 Minute schaumig rühren. Zucker und Vanillezucker vermischen und unter Rühren einstreuen. Weitere 2 Minuten schlagen bis die Masse cremig ist. Mehl, Speisestärke und Backpulver vermischen und nach und nach auf niedrigster Stufe einarbeiten. Teig in eine mit Backpapier ausgelegte Springform von 28 cm Durchmesser füllen und auf der mittleren Schiene bei 175 °C ca. 20–30 Minuten backen. Anschließend auf einem Kuchengitter auskühlen lassen.

FÜLLUNG:
5 Becher Schlagsahne (à 200 ml)
3 Pck. Sahnesteif
20–30 Erdbeeren
4–6 cl Erdbeersirup
Erdbeeren zum Verzieren

Den Biskuitboden einmal durchschneiden und mit einem Tortenring umlegen. 600 ml Sahne mit Sahnesteif steif schlagen. Erdbeeren putzen, abbrausen, klein schneiden und pürieren. Anschließend zusammen mit dem Sirup unter die Sahne heben. Erdbeersahne auf dem unteren Biskuitboden verstreichen und den zweiten Boden auflegen. 400 ml Sahne steif schlagen und die Torte rundherum einstreichen und verzieren. Mit Erdbeeren garnieren.

Vollwertwaffeln mit heißen Kirschen

8 PORTIONEN

4 Eier
2 TL Backpulver
1 TL Zimt
250 g Margarine
500 g Vollwertmehl
125 g Zucker
350 ml Milch

Zutaten in eine Rührschüssel geben und mindestens 3 Minuten rühren. Waffeleisen bis zum Anschlag drehen, bis es die maximale Temperatur erreicht hat.
Anschließend die Innenflächen mit Trennspray einsprühen. Backzeit je Waffel: ca. 1½ Minuten.

1 Glas Schattenmorellen
1 Pck. Vanille-Puddingpulver

Schattenmorellen aufkochen und mit Puddingpulver andicken.
Waffeln und Kirschen auf einem Teller dekorativ anrichten und dazu Vanilleeis reichen.

GALERIE-CAFÉ SCHLOSSGEFÄNGNIS

Kirsch-Schoko-Mandel-Torte

RÜHRTEIG:
1 Glas Kirschen (185 g Abtropfgewicht)
250 g Margarine
225 g Zucker
5 Eier
1 TL Zimt
190 g Vollwertmehl
1,5 Pck. Backpulver
125 g Mandelblättchen
75 g Schokosplitter

Kirschen abtropfen lassen, Saft auffangen. Aus den Zutaten einen Rührteig bereiten und die Kirschen unterheben. Den Teig in eine gefettete 26-cm-Springform geben und bei 160 °C ca. 60 Minuten backen.

Anschließend gut auskühlen lassen. Kuchen bis auf einen 2 cm breiten Rand ca. 1 cm tief aushöhlen.

BELAG:
1 Glas Kirschen (370 g Abtropfgewicht)
Saft der Kirschen (mit Wasser bis zu 1 l aufgefüllt)
250 g Zucker
1 Pck. Tortenguss (rot)
100 g Mandelblättchen, geröstet

Abgetropfte Kirschen in der Mulde des Kuchens verteilen. Den Guss mit Saft und Zucker nach Packungsanleitung herstellen und über die Kirschen gießen.
Den Rand mit gerösteten Mandeln verzieren.

GALERIE-CAFÉ SCHLOSSGEFÄNGNIS

Philadelphia-Torte

TIPP:
Früchte für einen Obstboden mit einem Eierschneider klein schneiden, so werden Kiwi-, Erdbeer- oder Bananenstücke schön gleichmäßig.

BODEN:
200 g Löffelbiskuits
70 g zerlassene Butter

Löffelbiskuits im Mixer zerkleinern, Butter unterheben und die Masse in eine 26-cm-Springform drücken.

FÜLLUNG:
1 Pck. Götterspeise, Zitrone
200 ml Wasser
200 g Doppelrahmfrischkäse
125 g Zucker
1 Pck. Vanillinzucker
2 EL Zitronensaft

3 Becher Schlagsahne (à 200 ml), geschlagen
Früchte zum Verzieren

Götterspeise in 200 ml Wasser anrühren und quellen lassen. Unter Rühren erhitzen, aber nicht kochen. Anschließend etwas abkühlen lassen.
Frischkäse, Zucker, Vanillezucker und Zitronensaft mit einem Schneebesen in einer Schüssel verrühren. Lauwarme Götterspeise unterrühren, bis die Masse dicklich wird. Die geschlagene Sahne unterheben und die Creme auf dem Boden verteilen. Nach Geschmack mit Kiwi, Johannisbeeren, Erdbeeren usw. verzieren.

GALERIE-CAFÉ SCHLOSSGEFÄNGNIS

Mandarinen-Paradies-Torte

BISKUIT:
3 Eier
2 EL heißes Wasser
125 g Zucker
1 Pck. Vanillezucker
75 g Mehl
75 g Speisestärke
2 TL Backpulver

Eier und heißes Wasser mit dem Handrührgerät auf höchster Stufe 1 Minute schaumig rühren. Zucker und Vanillezucker vermischen und unter Rühren einstreuen. Weitere 2 Minuten schlagen, bis die Masse cremig ist. Mehl, Speisestärke und Backpulver vermischen und nach und nach auf niedrigster Stufe einarbeiten. Teig in eine mit Backpapier ausgelegte Springform von 28 cm Druchmesser füllen und auf der mittleren Schiene bei 175 °C ca. 20–30 Minuten backen. Anschließend auf einem Kuchengitter auskühlen lassen. Biskuitboden halbieren. Eine Hälfte für die Torte nutzen und die zweite Hälfte einfrieren.

CREME:
300 g Schmand
300 ml Schlagsahne, geschlagen
2 Pck. Paradiescreme, Zitrone
2 D. Mandarinen (à 175 g Abtropfgewicht)

GARNITUR:
Mandarinen
Schokoraspel
geh. Nüsse

Schmand und geschlagene Sahne vermischen und die Paradiescreme nach Packungsanweisung unterrühren. Mandarinen gut abtropfen lassen und unter die Creme heben. Tortenboden mit einem Tortenring umlegen und die Creme darauf verteilen. Mit Mandarinen, Schokoraspel und gehackten Nüssen verzieren.
Torte mindestens 2 Stunden kühl stellen.

2fach

 **2FACH**

In einem Hinterhof in der Saarbrückenstraße in Kiel komponiert Konditormeisterin Corinna Fleißer in ihrer Patisserie „2fach" traumhafte Pralinen. Durch eine Glasscheibe getrennt vom Verkaufsraum, kann der Kunde ihr bei ihren Arbeitsweisen zuschauen. Transparenz ist ihr wichtig.

Die Firma „2fach" in Kiel ist aus einer ganz neuen Geschäftsidee entstanden. Corinna Fleißer ist Konditormeisterin und hat dann die Kunst des Chocolatiers erlernt. Sven Wagenknecht ist Floristikmeister. Sie lernten sich kennen und lieben, und es entstand die Idee einer Firma, die große Feste fürstlich ausstattet. Er schwelgt in fantastischen floristischen Dekorationen, wie man sie vom Wiener Neujahrskonzert kennt: also Farben und Formen aus Blüten, Gräsern und edlem Laub. Corinna ergänzt dieses Blütenfest mit ihren fantasievoll gestalteten Pralinen für Auge und Gaumen. Wenn z.B. eine Hochzeit ausgerichtet wird, wird in langen Vorgesprächen der Stil dieser Feier entwickelt. Farben des Brautkleides werden mit denen der Gestecke in Kirche und Festraum und natürlich auch dem Brautstrauß abgestimmt. Corinna

Ein Blick in den gläsernen Kühltresen. 50–60 verschiedene Pralinensorten hat Corinna Fleißer im Programm, welche saisonal wechseln.

2FACH

Fleißer, eigentlich spezialisiert auf Pralinen, entwirft dazu die traumhafte Hochzeitstorte. Aber nicht nur Traumhochzeiten, Empfänge von Regierung und Banken, sondern auch bürgerliche Feiern anlässlich eines Geburtstages, einer Taufe oder eines Jubiläums werden von „2fach" sehr künstlerisch betreut. Und für sogenannte Laufkundschaft, die eine liebe Person überraschen möchte, gibt es immer eine tolle Geschenkidee zu entdecken.

Corinna Fleißer bringt internationale und ungewöhnliche Inspiration mit. Nach dem Examen der Konditormeisterin bildete sie sich international weiter und gewann 2010 in Österreich den

Im imponierenden Showroom bindet Floristikmeister Sven Wagenknecht die schönsten Blumenarrangements. Seine ausgefallenen Hochzeitssträuße sind weit über die Grenzen Schleswig-Holsteins bekannt. Durch die wunderschönen Wanddekorationen hat der sonst puristisch eingerichtete Verkaufsraum seinen ganz eigenen Charme.

„2fach", eine Werkstatt für Floristik und Patisserie. Hier werden nicht nur die köstlichsten Pralinen-Kompositionen oder außergewöhnlichsten Blumenarrangements kreiert, sondern auch jegliche Art von Festlichkeiten nach Wunsch geplant und gefertigt. Von Hochzeit, Geburt, Taufe, Konfirmation bis hin zu Jubiläen ist hier alles möglich.

„Trüffelwettbewerb" vor insgesamt 170 Teilnehmern aus allen Nationen mit einer Goldmedaille. In ihrer durch viel Glas sehr transparent gestalteten Werkstatt wird natürlich alles per Hand gefertigt, und es können jederzeit individuelle Wünsche erfüllt werden. Natürlich ist die Ware immer frisch, hergestellt hauptsächlich aus Produkten der unmittelbaren Umgebung.

Corinnas Partner, Sven Wagenknecht, ließ sich auch den Wind um die Nase wehen. So wurde er z.B. auserkoren, während seiner Einstellung im exklusivsten, ältesten Blumenladen der Niederlande, in Amsterdam, für Königin Beatrix die kirchliche Feier anlässlich des Besuches der englischen Königin Elisabeth II. auszustatten.

Aber auch für den täglichen Bedarf findet man bei „2fach" in der Kieler Saarbrückenstraße 14 DIE tolle Idee. Dafür stehen zwei Meister ihres Fachs, die sich gesucht und gefunden haben.

 **2FACH**

2FACH

„2fach", die einzige Firma, die die Hochzeitstorte passend zum Kleid und Brautstrauß fertigt. Alles an der Torte ist essbar.

 2FACH

Thai Fusion Pralinen

Für ca. 50 Pralinen

Ganache:
450 g Vollmilch-Kuvertüre
150 ml Schlagsahne
2 Kaffirblätter (Asialaden)
20 g Limettensaft
½ TL grüne Chilipaste (Asialaden)
50 g Butter
20 g Kokosraspel

Überzug:
Vollmilch-Kuvertüre

Plastikfolie mit Struktur

Vollmilch-Kuvertüre hacken.
Die Sahne mit den Kaffirblättern und Limettensaft aufkochen und ca. 20 Minuten ziehen lassen, danach abseihen. Chilipaste einrühren.
Eine Hälfte der gehackten Kuvertüre hinzugeben und eine Emulsion herstellen. Nach und nach den Rest der Kuvertüre hinzugeben und sorgfältig einarbeiten.
Die Butter in kleinen Stückchen hinzugeben und untermengen, bis die Masse glatt ist. Zum Schluss Kokosraspel unterheben.
Eine flache Form mit Backpapier auslegen, die Ganache einfüllen, glatt streichen und fest werden lassen (am besten über Nacht an einem kühlen, trockenen Ort).
Die Ganache aus der Form auf ein Stück Backpapier stürzen und das Papier der Unterseite lösen. In Quadrate schneiden.
Kuvertüre temperieren.
Mit der Pralinengabel die Praline in die Schokolade tauchen und überziehen, vorsichtig auf der Folie absetzen. Mindestens 1 Stunde auf der Folie anziehen lassen, dann die Folie entfernen.
Kühl und trocken lagern oder am besten ganz schnell verzehren.

Ganache

Eine Ganache (auch Canache oder Pariser Creme) ist eine Kuvertüre-Füllcreme und zählt zu den Sahnecremes. Sie wird für die Füllung von Pralinen sowie den Überzug von Torten benutzt.

Birne
Cru de Cacao Pralinen

Für ca. 50 Pralinen

Ganache:
450 g dunkle Kuvertüre
100 ml Schlagsahne
20 g Birnengeist
100 g Birnenmus
50 g Butter

Überzug:
Dunkle Kuvertüre
100 g Cru de Cacao (gestoßene Kakaobohnen)

Einweghandschuhe

Dunkle Kuvertüre hacken.
Die Sahne mit dem Birnengeist aufkochen und danach das Birnenmus einrühren.

Eine Hälfte der gehackten Kuvertüre hinzugeben und eine Emulsion herstellen. Nach und nach den Rest der Kuvertüre hinzugeben und sorgfältig einarbeiten.

Die Butter in kleinen Stückchen hinzugeben und untermengen, bis die Masse glatt ist.

Eine flache Form mit Backpapier auslegen, die Ganache einfüllen, glattstreichen und fest werden lassen (am besten über Nacht an einem kühlen, trockenen Ort).

Die Ganache aus der Form auf ein Stück Backpapier stürzen und das Papier der Unterseite lösen. In Quadrate schneiden.

Dunkle Kuvertüre temperieren, geröstete Kakaobohnen in eine flache Form geben.

Handschuhe anziehen, etwas Kuvertüre in die hohle Hand geben und den Würfel darin rollen, bis er mit Schokolade überzogen ist. Dann in den Kakaobohnen absetzen.

Kühl und trocken lagern oder am besten ganz schnell verzehren.

2010 gewann Corinna Fleißer in Österreich unter 170 Teilnehmern aus allen Nationen den internationalen „Trüffelwettbewerb" mit einer Goldmedaille.

Die Ganache aus der Form auf ein Stück Backpapier stürzen und das Papier der Unterseite lösen. In Quadrate schneiden.
Dunkle Kuvertüre temperieren.
Ganachewürfel in die Kuvertüre tauchen und mit Hilfe einer Pralinengabel überziehen. Auf Backpapier vorsichtig absetzen und ein Dreieck der Strukturfolie diagonal sanft auf die noch feuchte Praline drücken.
Ein bis zwei Stunden trocknen lassen, erst dann die Strukturfolie entfernen.
Kühl und trocken lagern oder am besten ganz schnell verzehren.

70%ige Kakao-Pralinen

Für ca. 50 Pralinen

Ganache:
200 ml Schlagsahne
450 g dunkle Kuvertüre (70 % Kakaogehalt)
70 g Butter

Überzug:
Dunkle Kuvertüre (70 % Kakaogehalt)
Strukturfolie (in Dreiecke geschnitten)

Dunkle Kuvertüre hacken.
Die Sahne aufkochen.
Eine Hälfte der gehackten Kuvertüre hinzugeben und eine Emulsion herstellen. Nach und nach den Rest der Kuvertüre hinzugeben und sorgfältig einarbeiten.
Die Butter in kleinen Stückchen hinzugeben und untermengen, bis die Masse glatt ist.
Eine flache Form mit Backpapier auslegen, die Ganache einfüllen, glattstreichen und fest werden lassen (am besten über Nacht an einem kühlen, trockenen Ort).

Mit einer Pralinengabel wird die Ganache in flüssige Schokolade getaucht.

Mini-Obst-Tarteletts

FÜR CA. 30 STÜCK

BUTTERMÜRBETEIG:
250 g Butter
125 g Zucker
1 Eigelb
325 g Mehl
1 TL Salz
Mark einer ½ Vanilleschote

BELAG:
100 g dunkle Kuvertüre
Früchte der Saison
1 Pck. Tortenguss (weiß)

Zutaten für den Mürbeteig miteinander vermengen und kneten, bis der Teig glatt ist. Kühl stellen.
Ofen auf 180 °C vorheizen.
Förmchen vorbereiten. Am besten eignen sich Silikonformen oder beschichtete Förmchen (in jeder gut sortierten Haushaltswarenabteilung erhältlich). Falls unbeschichtete Förmchen zur Hand, diese leicht buttern und mehlen.
Mürbeteig schön dünn ausrollen, Förmchen damit auslegen und hellbraun ausbacken.
Nach dem Erkalten aus der Form lösen. Inzwischen Kuvertüre schmelzen und die Mürbeteigböden mit Kuvertüre dünn auspinseln.
Mit Früchten der Saison belegen, Tortenguss nach Packungsangabe zubereiten und die Früchte damit leicht abglänzen.

Café „Hof Mühlenwurth"

Café „Hof Mühlenwurth"

Im idyllischen Ort Hohenhorst in der Haseldorfer Marsch liegt der Hof Mühlenwurth. Familie Schuldt betreibt hier ihr Hofcafé und den „Lütten Loden", in dem neben Obst und Obsterzeugnissen auch viele selbst hergestellte kulinarische Genüsse angeboten werden. Obstbrände und verführerische Marmeladen lachen einen an.

2002 wurde der alte Kuhstall zum heutigen Café umgebaut und mit liebevoll zusammengetragenen antiken Möbeln und Dekorationsgegenständen ausgestattet. Viele davon können eine ganze Geschichte erzählen. Immer wieder gut für eine Anekdote ist das zur Sitzecke umfunktionierte Bett. So mancher Gast hat hier schon „in Omas Bett Kaffee getrunken". Tochter Katrin Kruse ist gelernte hauswirtschaftliche Betriebsleiterin und arbeitet vollzeitig im Café Mühlenwurth. Sie plant das wöchentlich wechselnde, von der Saison inspirierte Kuchen- und Tortenangebot von der Pflaumenbaiser-Torte über den Klassiker Bienenstich bis zu verschiedenen Blechkuchen wie dem Holunder-Apfeltraum.

Kaffee- und Kuchengenuss lassen sich mit einem

Der Lütte Loden, in dem es neben Obst auch viele selbst hergestellte kulinarische Genüsse zu kaufen gibt.

Im schönen Bauerngarten kann man sich mit Kaffee und Kuchen verwöhnen lassen und die herrliche Natur genießen.

Café „Hof Mühlenwurth"

ausgedehnten Spaziergang auf dem Elbdeich verbinden – zur einen Seite mit Blick auf das Naturschutzgebiet Haseldorfer Binnenelbe, zur anderen auf die Obstgärten der Haseldorfer Marsch.

Dort, wo früher 40 Kühe und Kälber und später Pensionspferde standen, kann man es sich heute bei Kaffee und Kuchen wohlergehen lassen. Aber nicht nur Omas Bett, sondern vieles, was einst in der guten Stube stand, findet sich im Café wieder. Angefangen hat alles 1999 mit dem auf dem Hof regelmäßig stattfindenden Herbstmarkt des Landfrauenvereins, zu dessen Vorstand Bärbel Schuldt gehört. Ab dem Tag kreisten alle Gedanken um ein eigenes Café.

Bei Renovierungsarbeiten entdeckten Bärbel und Heiner Schuldt im Fußboden der Diele einen Bronzegrappen mit Silbermünzen aus dem 30-jährigen Krieg. Aus Angst vor Raub wurden sie wohl damals hier vergraben. Ihr damaliger Wert: 12 Tonnen Weizen oder 7 Pferde. Aus Dank dafür, dass die ehrlichen Finder – nämlich Bärbel und Heiner Schuldt – dem Kulturbeauftragten von Schleswig-Holstein den Fund übergeben haben, dankte dieser mit einem Kasten voll Kopien, die man heute im Café Mühlenwurth bestaunen kann.

Geschichtliche und landschaftliche Erlebnisse und Kaffee- und Kuchengenüsse – alles in allem: das Café Hof Mühlenwurth mit seiner liebenswerten Familie Schuldt ist immer eine Reise wert!

Bei Renovierungsarbeiten entdeckten Bärbel und Heiner Schuldt im Fußboden der Diele ihres Bauernhauses einen Schatz. 99 Silbermünzen aus der Zeit des Dreißigjährigen Krieges. Die Münzen bekam das Landesarchiv Schleswig-Holstein in Schleswig, und im Gegenzug bekamen sie Duplikate, die heute am Fundort in der Diele zu besichtigen sind.

Familie Schuldt betreibt im Hof Mühlenwurth ihr Café und den Lütten Loden.

Café „Hof Mühlenwurth"

Café „Hof Mühlenwurth"

Apfel-Eierlikör-Torte

Café „Hof Mühlenwurth"

Apfel-Eierlikör-Torte

MÜRBETEIG:
250 g Mehl
100 g Zucker
100 g Margarine
1 Ei
½ Pck. Backpulver

Die Zutaten miteinander verkneten, zu einer Kugel formen, in Klarsichtfolie wickeln und ca. eine Stunde im Kühlschrank ruhen lassen.

BELAG:
1 kg Äpfel
250 ml Weißwein
250 ml Apfelsaft
200 g Zucker
250 ml Apfelsaft
2 Pck. Vanille-Puddingpulver
20 ml Schlagsahne, geschlagen
Eierlikör
Apfelscheiben zum Garnieren

Äpfel schälen, entkernen, in Stücke schneiden und mit Weißwein, Apfelsaft und Zucker aufkochen.
Apfelsaft und Puddingpulver miteinander verrühren, zu den Äpfeln geben und nochmals aufkochen lassen.
Mürbeteig in eine 28-cm-Springform geben und den Rand hochziehen. Apfelmasse darauf verteilen und bei 160 °C ca. 60 Minuten backen. Eine Nacht auskühlen lassen, sonst wird der Kuchen zu weich. Mit Sahne, Eierlikör und Apfelscheiben verzieren.

Cappuccino-Joghurt-Torte

BISKUIT:
4 Eiweiß
200 g Zucker
4 Eigelb
100 g Mehl
100 g Speisestärke
1 Pck. Backpulver

Eiweiß steif schlagen und den Zucker einrieseln lassen. Eigelb hinzutun. Mehl, Speisestärke und Backpulver vermischen, darübersieben und unterheben. Teig in eine 28-cm-Springform füllen und bei 180 °C ca. 30 Minuten backen. Gut auskühlen lassen.

FÜLLUNG:
20 g Cappuccino-Pulver
3 EL heißes Wasser
9 Blatt weiße Gelatine
500 g Vollmilchjoghurt
150 g Zucker
500 ml Schlagsahne, geschlagen
Mokkabohnen zum Garnieren

Cappuccino-Pulver im heißen Wasser auflösen, danach erkalten lassen. Gelatine in kaltem Wasser einweichen, gut ausdrücken und auflösen. Joghurt und Zucker verrühren. Erst den Cappuccino, dann die aufgelöste Gelatine in die Joghurtmasse einrühren. Anschließend kalt stellen. Schlagsahne unter die feste Joghurtcreme heben. Biskuitboden halbieren. Unteren Boden mit einem Tortenring umlegen und mit der Hälfte der Joghurtcreme bestreichen. Zweiten Boden darauflegen und mit dem Rest Joghurtcreme einstreichen. 2 Stunden im Kühlschrank fest werden lassen. Mit Sahnetupfer, Kakao- oder Cappuccino-Pulver und mit Mokkabohnen verzieren.

CAFÉ „HOF MÜHLENWURTH"

Gefüllter Sandkuchen

Teig:
200 g Margarine
200 g Zucker
1 Pck. Vanillezucker
3 Eier
120 g Speisestärke
50 g Mehl
½ Pck. Backpulver

Margarine, Zucker und Vanillezucker ca. 6 Minuten langsam schaumig rühren. Die Eier nach und nach dazugeben und pro Ei 30 Sek. schlagen. Speisestärke und Mehl miteinander vermischen, über die Masse sieben und mit dem Schneebesen langsam unterheben. Zuletzt das Backpulver dazugeben.

Buttercreme:
250 ml Mich
1½ Pck. Vanille-Puddingpulver
125 g weiche Butter
1 EL Puderzucker
200 g Erdbeermarmelade
Belegkirschen und Krokant
für die Dekoration

> **Tipp:**
> Buttercreme für festliche Kuchen und Torten kann man mit rotem Tortengusspulver einfärben. Es ergibt ein fruchtiges Aroma, und das Auge isst ja bekanntlich mit.

Aus Milch und Puddingpulver einen Pudding kochen und erkalten lassen. Butter und Puderzucker unter den Pudding rühren. Butter und Pudding müssen Zimmertemperatur haben! Teig in eine ausgefettete 30-cm-Kastenform füllen und bei 160 °C ca. 70 Minuten backen.

Anschließend gut auskühlen lassen. Sandkuchen 2 x der Länge nach durchschneiden. Den unteren Teil zuerst mit Marmelade bestreichen, dann mit Buttercreme. Darauf eine Platte Sandkuchen mit Marmelade und Buttercreme bestrichen. Die letzte Teigplatte obendrauf legen. Den ganzen Kuchen mit der restlichen Buttercreme bestreichen und mit Belegkirschen und Krokant verzieren.

 CAFÉ „HOF MÜHLENWURTH"

Beeren-Frischkäse-Torte

BISKUIT:
4 Eiweiß
200 g Zucker
4 Eigelb
100 g Mehl
100 g Speisestärke
1 Pck. Backpulver

Eiweiß steif schlagen und den Zucker einrieseln lassen. Eigelb hinzutun. Mehl, Speisestärke und Backpulver vermischen, darübersieben und unterheben. Teig in eine 28-cm-Springform füllen und bei 180 °C ca. 30 Minuten backen. Gut auskühlen lassen.

BELAG:
1 Pck. Frischkäse (200 g)
150 g Puderzucker
2 Becher Schlagsahne (à 200 ml)
400 g TK-Himbeeren
½ l roter Fruchtsaft
2 Pck. Tortenguss (rot)

Frischkäse und Puderzucker miteinander verrühren. Sahne steif schlagen und langsam unterrühren. Die Masse auf dem Biskuitboden verstreichen. Die gefrorenen Himbeeren darauf verteilen. Fruchtsaft erhitzen, den Tortenguss nach Packungsanleitung zubereiten und über die Himbeeren gießen.

> **TIPP:**
> Tortenguss glänzt sehr schön, bestreicht man ihn nach dem Erstarren mit etwas Alkohol, z.B. Rum.

CAFÉ „HOF MÜHLENWURTH"

Erdbeer-Baiser-Torte

RÜHRTEIG:
125 g Margarine
100 g Zucker
150 g Mehl
2 TL Backpulver
4 Eigelb
2 EL Milch

BELAG/FÜLLUNG:
4 Eiweiß
200 g Zucker
50 g gehobelte Mandeln
3 Becher Schlagsahne (à 200 ml), geschlagen
500 g frische Erdbeeren oder Früchte der Saison

Für den Rührteig Margarine und Zucker miteinander verrühren. Mehl und Backpulver vermischen, darübersieben und unterrühren. Nach und nach Eigelb und Milch dazugeben. Teigmasse auf zwei 28-cm-Springformen verteilen.

Eiweiß mit dem Zucker steif schlagen und auf beide Böden verteilen. Einen Boden mit Mandeln bestreuen. Bei 190 °C Umluft ca. 25 Minuten backen. Gut auskühlen lassen.
Einen 28er Backring um den unteren Baiser-Boden legen, mit der Hälfte der Sahne bestreichen und mit halbierten Erdbeeren belegen. Zweite Hälfte Sahne daraufgeben und den Baiser-Mandel-Boden daraufsetzen.

TIPP:
Damit der Eischnee schön hoch aufgeht, zuerst etwas Backpulver unterheben, dann den Puderzucker unterrühren.

Café „Hof Mühlenwurth"

Rumkugeln

Reste vom Biskuitteig
Aprikosenmarmelade
Kakaopulver
Rum
Kuvertüre
Schokodekor (Schokostreusel)

Biskuitteig zerbröseln und mit Marmelade, Kakaopulver und Rum verkneten. Zu Kugeln formen und in Kakaopulver wälzen oder in geschmolzene Kuvertüre tauchen und anschließend in Schokostreusel wälzen.

Dieses Rezept hat bewusst keine Mengenangaben, denn die Anzahl der Rumkugeln richtet sich immer nach der Menge der Kuchenreste. Man kann dafür natürlich auch einen Biskuitboden backen oder kaufen.

Mandelhörnchen

3 Eiweiß
100 g Zucker
600 g Marzipan
200 g gehobelte Mandeln
Kuvertüre

Eiweiß und Zucker nicht ganz steif anschlagen. Marzipan zur Masse geben und verkneten. Mit einem Esslöffel zu Hörnchen formen und in gehobelten Mandeln wälzen. Anschließend auf ein mit Backpapier belegtes Backblech legen und bei 175 °C ca. 10–20 Minuten backen. Gut auskühlen lassen und anschließend jeweils beide Enden in geschmolzene Kuvertüre tauchen.

Tipp:
Damit die Mandelhörnchen innen schön weich bleiben, nehmen Sie sie vom Blech, sobald sie die richtige Bräunung haben. Beim Auskühlen auf dem Kuchengitter werden sie außen schön knusprig.

Café „Hof Mühlenwurth"

Schatztorte

RÜHRTEIG:
150 g Zucker
150 g grob gem. Nüsse
4 Eier
50 g geraspelte Schokolade
50 g Mehl
½ Pck. Backpulver

Am Vortag aus den Zutaten einen Rührteig herstellen, in eine 28-cm-Springform füllen und bei 180 °C ca. 30 Minuten backen.

FÜLLUNG:
500 g Magerquark
500 ml Schlagsahne, geschlagen
6 Beutel Gelatine (weiß)
Zucker
Orangensaft
abgeriebene Orangenschale (ungespritzt)
Schokoplätzchen
Schoko-Goldtaler

Quark und Sahne miteinander verrühren. Gelatine nach Packungsanleitung auflösen und unterheben. Mit Zucker, Orangensaft und -schale abschmecken.
Für die Krümel eine dünne Schicht vom Tortenboden abschneiden. Einen 28er Tortenring um den Boden legen, mit der Hälfte der Quark-Sahne-Masse bestreichen und mit Schokoplätzchen belegen. Zweite Hälfte Quark-Sahne-Masse darauf verteilen und mit den Krümeln bestreuen. Sahnetupfer daraufsetzen und mit Schoko-Goldtalern dekorieren.

Deichhof Haseldorf

Deichhof Haseldorf

Hochzeitstafel im Deichhof-Café.

Vor den Toren Hamburgs in dem wunderschönen Erholungsgebiet Haseldorfer Marsch liegt am Elbdeich der Ort Haseldorf. Der Deichhof ist ein 400 Jahre altes reetgedecktes Bauernhaus mitten im Ort und direkt am Deich. Es ist noch eines der letzten für die Gegend typischen Ständerhäuser der ehemaligen Bauern, in denen sich Vieh, Gerätschaften und die Wohnung der Familie unter einem Dach befanden. In der großen Tenne stellt Klaus Rebattu Möbel aus. Eine wahre Fundgrube für Liebhaber seiner Antiquitäten und Möbel nach Maß.

Kunst wird hier nicht nur zusammengetragen, sondern auch in der Werkstatt für Fassmalerei hergestellt. Darunter versteht man die farbige Bemalung und Alterung eines Möbelstücks. Alles, was man hier entdeckt, kann man auch käuflich erwerben. Dann hat man gut investiert, denn Kunst besitzt bekanntlich einen bleibenden Wert.

2008 entstand die Idee, aus dem vorderen Wohntrakt ein gemütliches Café zu machen, das inzwischen ein wahrer Wallfahrtsort für Kaffee- und Kuchenliebhaber geworden ist. „Alle Torten- und Kuchenrezepte sind eigene Kreationen, inspiriert durch Rezepte der Region, aber modernisiert nach heutigem Geschmack und Kalorienbewusstsein", erzählt Klaus Rebattu. „Aber auch Herzhaftes bieten wir an wie Gebackenen Ziegenkäse mit Rosmarinhonig auf Baguette oder hausgemachten Haseldorfer Schinken." Kinder haben hier keine Langeweile, denn im Garten und am Deich kann man herumtollen und mit den Schafen spielen und sie füttern und streicheln.

Aus dem Genießen im Café und dem Wohlfühlen im geschmackvollen Ambiente ist die Idee entstanden, hier auch Festlichkeiten zu veran-

Die große Tenne ist Ausstellungs- und Verkaufsraum für Möbel aus der Fassmalwerkstatt.

DEICHHOF HASELDORF

Kaffeetafel mit Möbeln aus der Fassmalerwerkstatt.

eindrucksvolles Bild, das sich dann malerisch gegen den weiten Himmel und die Elbe abzeichnet. Ein tolles Motiv für TV-Filmemacher und Presse, die natürlich auch im großen Verkaufsraum Interessantes für ihre Zuschauer und Leser finden.

Der Deichhof Haseldorf ist ein Anziehungspunkt für Groß und Klein auf Entdeckungsreise oder für Ruhesuchende, die einfach mal die Seele baumeln lassen wollen.

stalten. Geburtstage, Jubiläen und vor allem Hochzeiten werden von Klaus Rebattu mit viel Liebe ausgerichtet. Das kann nach einem wunderschönen Ritual ablaufen. Die jungen Leute heiraten in der hübschen, alten St.-Gabriel-Kirche, die im nahen Haseldorfer Schlosspark liegt. Dann spazieren sie mit den Hochzeitsgästen auf dem Elbdeich zum Deichhof Haseldorf – ein

Biedermeierzimmer. Jede Caféstube ist in einem anderen Stil eingerichtet.

Kirschblüte in der Haseldorfer Marsch.

Deichhof Haseldorf

DEICHHOF HASELDORF

Tortenbuffet: Himbeer-Mascarpone-Torte, Haseldorfer Apfel-Schmand-Sahne-Torte, Bratapfel-Torte, Käsetorte, Schneller Apfelkuchen im Glas, Schokoladen-Birnen-Torte

Deichhof Haseldorf

Schneller Apfelkuchen im Glas

Zutaten
für 4 Saftgläser

125 g Mehl
60 g Zucker
1 Pck. Vanillinzucker
75 g kalte Butter

1 Glas Apfelmus (710 g)
4 EL Mascarpone
1 EL Schlagsahne
1 Pck. Vanillinzucker

Mehl sieben und mit dem Zucker verrühren. Kalte Butterwürfel zum Mehl geben. Mit den Händen zügig zu Krümeln kneten. Backblech gut einfetten und den Streusel darauf verteilen. Bei 200 °C Umluft vorbacken, bis er goldgelb ist.
Apfelmus auf 4 Gläser verteilen. Mascarpone, Sahne und Vanillinzucker glattrühren und zu gleichen Teilen auf den Apfelmus geben. Zuletzt den Streusel daraufgeben.

Die Zutaten miteinander verkneten, zu einer Kugel formen, in Klarsichtfolie wickeln und 30 Minuten kalt stellen. Anschließend auf dem Boden einer gut gefetteten 28-cm-Springform verteilen und bei 160 °C Umluft 10 Minuten vorbacken.

Belag:
500 ml Apfelsaft
10 EL Apfelsaft
2 Beutel Vanille-Puddingpulver
5 Äpfel
400 ml Schlagsahne
200 g Schmand
Zimtpulver

Apfelsaft zum Kochen bringen. 10 EL Apfelsaft mit dem Puddingpulver verrühren und dazugeben. Einmal aufkochen lassen.
Äpfel schälen, entkernen, in kleine Stücke schneiden und unter den Apfelsaft-Pudding rühren. Anschließend die Masse auf dem vorgebackenen Mürbeteig verteilen und bei 180 °C Umluft ca. 40 Minuten backen, danach gut abkühlen lassen. Sahne steif schlagen, Schmand unterrühren und auf den Äpfeln verteilen. Mit Zimtpulver bestreuen.

Haseldorfer Apfel-Schmand-Sahne-Torte

Mürbeteig:
150 g Mehl
50 g Zucker
1 Pck. Vanillinzucker
100 g Butter
1 Ei

DEICHHOF HASELDORF

Bratapfel-Torte

MÜRBETEIG:
250 g Mehl
150 g Zucker
½ Pck. Backpulver
1 Ei
150 g Butter

Die Zutaten miteinander verkneten, zu einer Kugel formen, in Klarsichtfolie wickeln und 30 Minuten kalt stellen.

BELAG:
1 Pck. Vanille-Puddingpulver
750 ml Schlagsahne
1 Pck. Vanillezucker
100 g Zucker
10 kleine Äpfel, geschält, entkernt
2 EL gehobelte Mandeln

Puddingpulver mit 150 ml Sahne glattrühren. 600 ml Sahne, Vanillezucker und Zucker aufkochen, das angerührte Puddingpulver unter Rühren hinzugießen und aufkochen lassen.
Den Mürbeteig in einer gut gefetteten 28-cm-Springform verteilen und den Rand möglichst hochziehen. Die 10 Äpfel auf den Teig setzen. Pudding-Sahne-Sauce über die Äpfel gießen und gut verteilen. Bei 150 °C Umluft ca. 75 Minuten backen. Nach 60 Minuten Backzeit die Mandeln über den Kuchen streuen. Über Nacht auskühlen lassen und mit Puderzucker bestäuben.

Deichhof Haseldorf

TIPP:
Im Winter eignen sich auch sehr gut TK-Waldbeeren. Die Früchte pürieren, mit Zucker abschmecken, 2 Blatt rote aufgelöste Gelatine dazugeben und die Fruchtmasse auf dem Mascarpone verteilen. Kalt stellen.

Himbeer-Mascarpone-Torte

MÜRBETEIG:
150 g Mehl
50 g Zucker
1 Pck. Vanillinzucker
100 g Butter
1 Ei

BELAG:
500 g Mascarpone
1 Pck. Vanillinzucker
1 EL Schlagsahne
750 g frische od. TK-Himbeeren

Die Zutaten miteinander verkneten, zu einer Kugel formen, in Klarsichtfolie wickeln und 30 Minuten kalt stellen. Anschließend auf dem Boden einer gut gefetteten 28-cm-Springform verteilen und den Rand hochziehen. Bei 200 °C Umluft 10 Minuten vorbacken.

Mascarpone, Vanillinzucker und Sahne glattrühren und auf dem vorgebackenen Mürbeteig verteilen. Die Himbeeren auf den Mascarpone setzen und kühl stellen.

Schokoladen-Birnen-Torte

DEICHHOF HASELDORF

MÜRBETEIG:
150 g Mehl
50 g Zucker
1 Pck. Vanillinzucker
100 g Butter
1 Ei

Die Zutaten miteinander verkneten, zu einer Kugel formen, in Klarsichtfolie wickeln und 30 Minuten kalt stellen. Anschließend auf dem Boden einer gut gefetteten 28-cm-Springform verteilen und den Teig am Rand hochziehen. Bei 200 °C Umluft 10 Minuten vorbacken.

BELAG:
1 D. Birnen (460 g Abtropfgewicht)
5 Eigelb
125 g Zucker
225 g Zartbitterschokolade
125 g Butter
2 EL gem. Haselnüsse
5 Eiweiß

Birnen in kleine Stücke schneiden und auf dem Mürbeteig verteilen. Eigelb und Zucker glattrühren. Schokolade und Butter im heißen Wasserbad schmelzen. Anschließend zur Eigelb-Zucker-Masse geben, glattrühren und die Haselnüsse dazugeben. Eiweiß steif schlagen und vorsichtig unter die Schokoladenmasse heben. Danach alles auf den Birnen verteilen und bei 180 °C Umluft 40 Minuten backen. Über Nacht kalt stellen.

Café Obstgarten

Café Obstgarten

Auf der Terrasse im Obstgarten, wo die verschiedenen Beeren zum Greifen nah sind, hat man das Gefühl, man sitzt im heimischen Garten.

Im hohen Norden Schleswig-Holsteins, nahe der Ostsee, liegt die malerische Stadt Kappeln, die als Dekelsen vielen durch die ZDF-Serie „Der Landarzt" bekannt ist. Sie liegt an der Schlei, einem Meeresarm, der bis nach Schleswig reicht und die idyllischen Landschaften Angeln und Schwansen trennt.

Das Café Obstgarten entdeckten wir am Rande Kappelns im Ortsteil Ellenberg, eine Reetdachkate auf einem Hang, der Richtung Schlei abfällt. Von hier hat man einen wunderschönen Blick auf den Meeresarm.

Wolfgang und Kirsten Schnau erwarben 1996 diese Kate, und nach zehn Jahren des Überlegens und Entwerfens stand fest, dass sie ein Café eröffnen wollten. Kirsten renovierte die Kate und baute sie zu einem Café aus und Wolfgang, als gelernter Gartenbauer, kreierte einen fantasievollen Terrassengarten mit Obstbäumen um die Kate herum. Noch im gleichen Jahr hatten sie Eröffnung, und das Café Obstgarten in Kappeln wurde ein Riesenerfolg, nicht nur bei den Einheimischen, sondern auch bei den Touristen. Zwei kleine kuschelige Räume mit etwa 30 Sitzplätzen stellen das Café im Inneren dar. Im Obstgarten können weitere 50 Gäste Platz finden. Hier können sie den Ausblick und die reiche Vielfalt der Flora des Terrassengartens genießen.

CAFÉ OBSTGARTEN

Neben den verschiedenen Obstbäumen, unter denen man lauschig sitzen kann, findet man auch Beerenobst, Blumen, Ziersträucher, und der satte Duft von Baldrian ist allgegenwärtig. Wolfgang Schnau, der Garten-Architekt, ist sich bis heute nicht ganz sicher, ob die Gelöstheit seiner Gäste von der Schönheit und Ausstrahlung dieses Gartens oder von der entspannenden Wirkung des Baldrians herrührt. Hier werden einfach alle Sinne gestreichelt: die Augen, die Nase, der Gaumen.

Kirsten Schnaus Stärke sind natürlich die Kuchen und Torten, wobei sie in erster Linie Produkte des eigenen Obstgartens verwendet – je nach Jahreszeit, sodass die Gäste bei ihrem Be-

Johannisbeeren

Zustand der Kate um 1900.

such zuerst einmal ins Buffet gucken, was im Moment wohl die Saison bietet. „Vom 1. April bis Ende Oktober haben wir täglich von 9:00–18:00 Uhr geöffnet und im Winter nur an den Wochenenden. Hier kann man auch alle Arten von Festlichkeiten feiern: von der Hochzeit, Taufe, Konfirmation bis hin zur Trauerfeier. In der Sommersaison wird täglich ein fürstliches Frühstück angeboten. Neben der wunderschönen Schleilage muss noch erwähnt werden, dass das Café Obstgarten an einem Radweg liegt, er reicht von Arnis durch Kappeln hindurch über die Schleibrücke bis nach Schleswig. „Also sind auch viele unserer Gäste Fahrradtouristen."

Auch an die Kinder wurde gedacht: Während sich die Erwachsenen auf den vielen kleinen Terrassen entspannen, können sich die Kleinen auf dem Spielplatz austoben, der so gelegen ist, dass er immer im Blickfeld der Großen liegt.

Im Café Obstgarten lässt man sich einfach fallen und kann herrlich entspannen – eine traumhafte Oase.

Schleifähre von Schwansen nach Angeln.

Café Obstgarten

CAFÉ OBSTGARTEN

Je nach Jahreszeit wechselt das Tortenangebot im Café Obstgarten, so dass man immer wieder Lust hat, sich überraschen zu lassen. Zu den Highlights gehören die rosa Wolkentorte, Mohn-Mandarinen-Sahne-Torte, Erdbeer-Torte und der Rhabarber-Blechkuchen.

Café Obstgarten

Mohn-Mandarinen-Sahne-Torte

Biskuit:
4 Eigelb
4 Eiweiß
150 g Zucker
3–4 EL warmes Wasser
150 g Mehl
1 TL Backpulver

Eigelb, Zucker und Wasser schaumig schlagen. Mehl und Backpulver unterrühren. Eiweiß steif schlagen und vorsichtig unterheben.
Den Teig in eine 28-cm-Springform füllen und ca. 30–35 Minuten bei 175 °C backen. Anschließend gut auskühlen lassen.

Füllung:
3 geh. EL Aprikosenmarmelade
2 kl. D. Mandarinen (à 175 g Abtropfgewicht)
750 ml Schlagsahne
3 Pck. Sahnesteif
2 TL Vanillezucker
2–3 EL Mohn

Biskuitboden halbieren und die untere Hälfte mit der Marmelade bestreichen. Mandarinen gut abtropfen lassen und gleichmäßig auf der Marmelade verteilen. 12 Fruchtstücke für die Dekoration beiseite legen.
Sahne mit Sahnesteif und Vanillezucker steif schlagen. Mohn langsam unter die geschlagene Sahne heben. Einen Teil der Mohn-Sahne auf den Mandarinen verstreichen. Den oberen Biskuitboden auflegen und die ganze Torte mit der restlichen Mohn-Sahne einstreichen. Torte mit einem Einteiler in 12 Stücke aufteilen und mit Sahne und Mandarinenscheiben dekorieren.

Wolkentorte

BISKUIT:
2 Eigelb
2 Eiweiß
75 g Zucker
2–3 EL warmes Wasser
75 g Mehl
½ TL Backpulver

Eigelb, Zucker und Wasser schaumig schlagen. Mehl und Backpulver vermischen und unterrühren. Eiweiß steif schlagen und unterheben.
Teig in eine 28-cm-Springform füllen und bei 175 °C ca. 20–25 Minuten backen. Anschließend gut auskühlen lassen.

FÜLLUNG:
200 g frische rote Johannisbeeren
4 Becher Schmand (à 200 g)
4 Pck. Vanillezucker
4 Blatt Gelatine (weiß)

TIPP:
Statt Himbeer-Getränkepulver und Johannisbeeren eignen sich auch sehr gut Mandarinen (2 kl. Dosen) und Orangen-Getränkepulver.

Johannisbeeren von den Rispen zupfen und abbrausen.
Den Schmand mit dem Vanillezucker verrühren. Die Gelatine nach Packungsanleitung auflösen und unter das Schmandgemisch rühren. Die gut abgetropften Johannisbeeren unter die Creme heben.

WOLKEN:
3 Becher Schlagsahne (à 250 ml)
3 Pck. Vanillezucker
5 Blatt Gelatine (weiß)
1 Beutel Himbeer-Getränkepulver (100 g)

Die Sahne mit dem Vanillezucker steif schlagen. Gelatine nach Packungsanleitung auflösen und unter ständigem Rühren zur Sahne geben. Getränkepulver in die Sahne einstreuen und gleichmäßig verrühren. Diese Masse ca. 1 Stunde kalt stellen. Den Biskuitboden auf eine Tortenplatte legen und einen Tortenring umschnallen. Die Johannisbeer-Schmand-Creme auf dem Boden verstreichen und 2 Stunden kalt stellen. Anschließend mit 1 oder 2 Esslöffeln die Himbeersahne zu kleinen Pompons formen und auf die Torte setzen. Nach Belieben mit Sahne und Johannisbeeren verzieren.

Café Obstgarten

Friesenbecher

Hierfür benötigt man ein längliches Glas, Pflaumenmus, Vanilleeis, steif geschlagene Sahne, Zucker und Zimt.

Mit dem Pflaumenmus beginnen, dann im Wechsel Vanilleeis, Pflaumenmus schichten, bis das Glas ¾ gefüllt ist. Eine dicke Sahnehaube daraufsetzen und mit Zucker und Zimt bestreuen.

Blechkuchen

Mürbeteig:
125 g Butter
50–75 g Zucker
8 g Vanillezucker
1 Ei
250 g Mehl
1 Löffelspitze Backpulver

Alle Zutaten miteinander verkneten, auf einem Backblech ausrollen, auskühlen und ruhen lassen.

Rührteig:
200 g Butter
250 g Zucker
4 Eier
8 g Vanillezucker
250 g Mehl
1 TL Backpulver

Aus den Zutaten einen Rührteig herstellen und auf dem Mürbeteig gleichmäßig verteilen. Bei 175 °C ca. 10 Minuten backen. Anschließend mit frischem Obst der Saison belegen, z.B. Rhabarber, Johannisbeeren, Stachelbeeren oder Kirschen, und mit Streusel bedecken. Danach weitere 20 Minuten bei 175 °C backen.

Streusel:
50 g weiche Butter
100 g Zucker
Mehl

Butter und Zucker miteinander verrühren und so viel Mehl hinzufügen, bis die Masse krümelig wird. Am besten mit den Fingern zerbröseln.

CAFÉ OBSTGARTEN

TIPP:
Wenn der Biskuitboden beim Auslösen aus der Form bricht, die Bruchstelle mit Eiweiß einpinseln und zusammenkleben.

Obsttorte

BISKUIT:
2 Eigelb
2 Eiweiß
75 g Zucker
2–3 EL warmes Wasser
75 g Mehl
ca. 1 EL Kakao nach Geschmack
1 TL Backpulver

BELAG:
1 Pck. Vanille-Puddingpulver (ohne Kochen)
500 ml Milch
frische Früchte der Saison
1 Pck. Tortenguss (rot)
weiße Raspelschokolade oder Mandeln
für die Garnitur

Eigelb, Zucker und Wasser schaumig schlagen. Mehl, Kakaopulver und Backpulver mischen und unterrühren. Eiweiß steif schlagen und vorsichtig unterheben. Teig in eine 28-cm-Springform füllen und bei 175 °C ca. 20–25 Minuten backen. Anschließend gut auskühlen lassen.

Puddingpulver in der Milch anrühren und gleichmäßig auf dem Biskuitboden verteilen. Reichlich mit frischen Früchten der Saison, z. B. Erdbeeren, belegen. Tortenguss nach Packungsanleitung herstellen und über die Erdbeeren gießen. Mit weißer Raspelschokolade oder Mandeln garnieren.

Café „Alte Schule"

Café „Alte Schule"

Gut Wulfshagen, erbaut 1699. Jährlich findet hier das traditionelle Ochsen- und Obstfest statt. Immer am ersten Wochenende im September. Auch bot das Gut schon oft die Kulisse für Film- und Fernsehproduktionen.

In der wunderschönen Landschaft mitten im Dänischen Wohld, etwa auf halbem Weg von Kiel nach Eckernförde, finden wir das Café Alte Schule. Es ist leicht zu erreichen über die Bundesstraße 76. Dort empfangen einen die liebenswerte Inhaberin Edith Kettenburg, sozusagen die Seele des Geschäfts, und ihr Mann Dieter. Die meiste Zeit ihres Berufslebens arbeitete sie in einer Anwaltspraxis, „aber in meinem Kopf schlummerte die Idee, ein Café zu eröffnen", erzählt sie uns. Nach langer Suche fanden die beiden das Gut Wulfshagen aus dem Jahre 1699, dessen Besitzer Moritz Graf zu Reventlow, ein sehr freundlicher Landmann ist. Nahe seinem Herrenhaus befindet sich die Alte Schule, die im 19. Jahrhundert von Gräfin von Qualen erbaut wurde, als noch die Gutsbesitzer das Patrimonialrecht über Kirche und Schule ausübten und

Direkt am Gut Wulfshagen, zwischen Wald und Feldern, kann man hier auf der Terrasse bei Kaffee und Kuchen die Seele baumeln lassen.

Café „Alte Schule"

für das Gesamtwohl der Gutsangehörigen Sorge trugen.

„Die erste Besichtigung der alten Schule also war ja nicht so positiv gewesen" erzählt Edith Kettenburg, „das Haus hatte lange leer gestanden. Das Gras wuchs aus den Dachrinnen, und durch die Fenster konnte man kaum durchsehen. Und es regnete! Ich legte die Sache erst einmal ab zur Wiedervorlage. Als ich dann nach einiger Zeit mit meinem Mann wiederkam, schien die Sonne! Im ersten Stock fiel ein warmes, gelbes Licht durch die schönen alten Fenster, und ich hatte die Erleuchtung. In meinem Kopf entstand das zukünftige Bild meines Cafés, und wir haben es gemeinsam hingekriegt!"

Kaffeetisch mit Johannisbeer-Sekt-Torte.

„Im Oktober 2006 habe ich den Mietvertrag unterschrieben, und im Dezember haben wir schon eröffnet. Wo man mich hinstellt, packe ich an! Aber Graf zu Reventlow hat auch geholfen und die Terrasse neu gestaltet und vergrößert. Ohne meinen Mann wäre es auch nicht gegangen. Wir sind nicht nur ein harmonisches Ehepaar, sondern auch ein super gutes Team. Im Café haben wir eine strikte Arbeitsteilung, um uns nicht ins Gehege zu kommen: Ich mache das Café und backe die Kuchen und Torten und er macht das Frühstücksbuffet. Sein selbst kreiertes würziges Gebäck wie Birne-Gorgonzola-Muffins oder Dattel-Curry-Schnecken muss man einfach mal genossen haben."

Besonders beliebt sind die Festlichkeiten aller Art, die die Kettenburgs vorzüglich auszurichten wissen. Im Café Alte Schule werden immer mehr Hochzeiten, runde Geburtstage, Abiturfeiern, Betriebs- und Weihnachtsfeste ausgerichtet. Dann haben 40 bis 50 Personen drinnen und weitere 40 draußen Platz.

Es gibt außerdem einen so genannten Literarischen Salon, in dem kulturelle Leckerbissen geboten werden: musikalische Darbietungen, Theaterstücke und Dichterlesungen. Er ist inzwischen eine feste Einrichtung der Alten Schule. Es werden Ausstellungen gezeigt, in denen man schöne Bilder auf sich wirken lässt – die man auch kaufen kann, zu zivilen Preisen.

„Auf eines muss ich unbedingt noch hinweisen", sagt Edith Kettenburg noch zum Schluss, „das so beliebte Obst- und Ochsenfest auf dem Gut Wulfshagen gibt es seit 2008, und das Café Alte Schule ist neuerdings integriert. Immer das erste Wochenende im September wird hier gefeiert, und jedermann ist herzlich eingeladen.

Das Ehepaar Kettenburg – nimmermüde, zum Wohl seiner Gäste!

Café „Alte Schule"

Café „Alte Schule"

Himbeer-Baiser-Torte

Café „Alte Schule"

Schokopresso

DIE HERBE VERSUCHUNG

1 PORTION

2–3 Rippen Zartbitterschokolade (70 %)
1 Tasse Milch
1 Espresso
Trinkschokolade
Kakaopulver
1–2 EL Cointreau
geriebene Orangenschale (Bio)
Schlagsahne, geschlagen
Schokoraspel

Zartbitterschokolade in heißer Milch auflösen und den heißen Espresso hinzugeben. Trinkschokolade und Kakaopulver je nach Geschmack einrühren.
Cointreau und Orangenschale hinzugeben. In ein Glas füllen, eine Sahnehaube daraufsetzen und mit Schokostreusel verzieren.

Himbeer-Baiser-Torte

BISKUIT:
2 Eier
3 Eigelb
116 g Zucker
1 Pck. Vanillezucker
116 g Mehl
2 Msp. Backpulver

BAISER:
3 Eiweiß
150 g Zucker
50 g gehobelte Mandeln

FÜLLUNG:
4 Becher Schlagsahne (à 200 ml)
3 Pck. Sahnesteif
500 g frische oder TK-Himbeeren

Eier, Eigelb, Zucker und Vanillezucker schaumig rühren. Mehl und Backpulver vermischen, sieben und vorsichtig unterheben.
Für die Baisermasse Eiweiß und Zucker sehr steif schlagen.
Den Teig in eine 28-cm-Springform füllen, Eischnee auf dem Teig verteilen und mit gehobelten Mandeln bestreuen. Bei 175–180 °C ca. 35 Minuten auf der mittleren Schiene backen. Boden gut auskühlen lassen. Danach einmal vorsichtig durchschneiden. Sahne mit Sahnesteif steif schlagen. Den unteren Boden mit etwas Sahne bestreichen, die Himbeeren daraufsetzen und mit Sahne bedecken. Danach das Baiseroberteil daraufsetzen und kühl stellen.

Café „Alte Schule"

Sahnige Erdbeertorte

BISKUIT:
4 Eier
4 EL kaltes Wasser
135 g Zucker
135 g Mehl
1 TL Backpulver

FÜLLUNG:
300 g frische Erdbeeren
200 g Schoko-Mandel-Konfekt
(Choco Crossies)
150 g rotes Johannisbeergelee
4 Becher Schlagsahne (à 200 ml)
3 Pck. Sahnesteif

Eier trennen. Eiweiß und 4 EL Wasser steif schlagen. 135 g Zucker einrieseln lassen und so lange schlagen, bis die Masse glänzt. Eigelb unterziehen. Mehl und Backpulver vermischen, über die Eigelbmasse sieben und vorsichtig unterheben. Boden einer 28-cm-Springform mit Backpapier auslegen und den Teig einfüllen. Im Backofen bei 200 °C 20–25 Minuten backen. Formrand lösen. Boden auskühlen lassen.

Erdbeeren säubern, Blütenansatz entfernen und halbieren. Schoko-Konfekt grob hacken. Boden zweimal durchschneiden. Gelee erwärmen und den ersten und zweiten Boden damit bestreichen. Sahne mit Sahnesteif steif schlagen. Schoko-Konfekt (bis auf 3 EL zum Verzieren) unter $^2/_3$ der Sahne heben und auf das Gelee streichen. Böden zusammensetzen. Den obersten Boden sowie den Rand der Torte mit der restlichen Sahne bestreichen. Erdbeeren auf der Torte verteilen (Rand frei lassen) und mit Johannisbeergelee bestreichen. Sahnetuffs auf den Rand setzen und mit dem restlichen Schoko-Konfekt verzieren.

Café „Alte Schule"

Birnen-Gorgonzola-Muffins

2 Birnen (ca. 250 g)
150 g Mehl
100 g gem. Mandeln
2 TL Backpulver
150 g Gorgonzola
100 g Butter
250 g Joghurt
2 Eier
2 TL Salz

Birnen waschen, vierteln, entkernen und würfeln. Mehl, Mandeln, Backpulver und Birnen miteinander vermengen. Gorgonzola mit einer Gabel zerdrücken. Butter schmelzen. Zerlassene Butter mit Gorgonzola, Joghurt, Eiern und Salz verquirlen und die Mehlmasse zügig unterrühren. Die Masse in eine Muffinform mit 12 Vertiefungen füllen und im vorgeheizten Backofen bei 180 °C Umluft ca. 25 Minuten backen. Danach 5 Minuten ruhen lassen.
Warm oder kalt servieren.

CAFÉ „ALTE SCHULE"

Dattel-Curry-Schnecken

FÜLLUNG:
3 Stangen Frühlingszwiebeln (je nach Stärke)
ca. 100 g entsteinte, getrocknete Datteln
1 Stück frischer Ingwer, 2–3 cm
50–100 g Cashew- od. Pinienkerne
1 TL Currypaste
1–2 EL Pflaumenmus
3 EL Orangen- und Limettensaft
2–3 EL Sojasauce

1–2 Rollen frischer Blätterteig aus dem Kühlregal

Frühlingszwiebeln, Datteln und Ingwer klein hacken und mit den zerstoßenen Cashewkernen, Currypaste und Pflaumenmus mischen. Orangen- und Limettensaft und Sojasauce hinzugeben und mit dem Pürierstab fein pürieren. Die Masse mit einem Teigschaber auf dem ausgerollten Blätterteig verteilen und locker aufrollen.
Backofen vorheizen – Umluft 200 °C. Die Blätterteigrollen in ca. 1 cm breite Stücke schneiden und auf einem mit Backpapier belegten Backblech verteilen. Backzeit ca. 15–20 Minuten.

TIPP:
Sehr gut eignen sich auch getrocknete Feigen oder Backpflaumen.

Eisbecher „Fromme Helene"

1 PORTION

1 D. Williams-Christ-Birnen
3 Kugeln Schokoladeneis
Birnengeist (Obstbranntwein) je nach Gefühl
Schlagsahne, steif geschlagen
Schokoladenraspel, Zartbitter

Birnenhälften auf einem Sieb abtropfen lassen, würfeln und in einen Eispokal füllen. Eiskugeln daraufsetzen und ein paar Birnenwürfel drumherum legen. Mit Birnengeist beträufeln. Eine Portion Schlagsahne daraufsetzen und mit Schokoraspel bestreuen.

Café „Alte Schule"

Rote-Johannisbeer-Sekt-Torte

BISKUIT:
4 Eier
2 EL heißes Wasser
150 g Zucker
1 Pck. Vanillezucker
1 Prise Salz
abgeriebene Schale 1 Zitrone (unbehandelt)
100 g Mehl
100 g Speisestärke
1 geh. TL Backpulver

Eier trennen. Eigelb mit Wasser schaumig rühren. Nach und nach Zucker, Vanillezucker, Salz und Zitronenschale dazugeben. Die Masse cremig schlagen. Eiweiß steif schlagen und auf die Eigelbmasse geben. Mehl, Speisestärke und Backpulver vermischen, auf die Eiweißmasse sieben und vorsichtig unterheben. Teig in eine mit Backpapier ausgelegte 28-cm-Springform füllen und bei 180 °C ca. 30 Minuten backen. Danach auskühlen lassen.

FÜLLUNG:
400 g rote Johannisbeeren
1 Pck. Aranca-Zitronencreme
120 ml Sekt, trocken
150 g Naturjoghurt
2 Becher Schlagsahne (à 200 ml), geschlagen
ca. 80 g Schokostreusel

Johannisbeeren säubern und von den Stielen befreien. Einige Rispen für die Dekoration beiseite legen. Zitronencreme, Sekt und Joghurt nach Packungsanleitung zubereiten und über Nacht kalt stellen. Biskuitboden zweimal durchschneiden. Die Hälfte der Sahne unter die Zitronencreme heben. Zitronensahne halbieren. Johannisbeeren einer Hälfte hinzufügen und den ersten Boden mit dieser Beerenmasse bestreichen. Zweiten Boden auflegen und mit Zitronensahne bestreichen.
Obersten Boden auflegen und Oberfläche und Rand mit der restlichen Sahne einstreichen. Mit Sahnetuffs, Johannisbeeren und Schokostreusel garnieren.

Café „Alte Schule"

Espresso-Chili-Torte

Biskuit:
4 Eier
150 g Zucker
50 g Mehl
150 g Haselnüsse, gemahlen
10 g Backpulver
60 g Zartbitterschokolade, geraspelt
100 g herbe Orangenmarmelade

Eier und Zucker schaumig rühren. Mehl, Haselnüsse, Backpulver und geraspelte Schokolade vorsichtig unterheben. Den Teig in eine 28-cm-Springform füllen und bei 180 °C ca. 30 Minuten backen. Danach gut auskühlen lassen und den Boden einmal durchschneiden. Den unteren Boden mit Orangenmarmelade bestreichen.

Tipp: Nach Geschmack kann man die Sahne noch mit Schokoraspel verfeinern.

Füllung:
4 Becher Schlagsahne (à 200 ml)
3 Pck. Sahnesteif
2 Pck. Vanillezucker
3½ Sticks Espressopulver
1 gestr. TL Chilipulver (mittelscharf)

Sahne, Sahnesteif, Vanillezucker, Espresso- und Chilipulver steif schlagen und auf dem Tortenboden verstreichen. Den oberen Tortenboden zerbröseln und über die Füllung streuen.

Café Rosengarten & Ambiente

CAFÉ ROSENGARTEN & AMBIENTE

Festlich gedeckte Kaffeetafel.

Veronika Lass hatte eines Tages die Idee: Ein französisches Café in ihrer neuen Heimatstadt Meldorf! Würde das in Dithmarschen ein Volltreffer oder ein Flop werden? Eine bange Frage!
Viele Jahre war sie in der Tierarztpraxis ihres Ehemannes Norbert Lass Mädchen für alles, vom Telefondienst bis zum Kuhschwanzfesthalten, und nun wollte sie sich 2006 unbedingt noch einen alten Traum erfüllen. Die ehemalige alte Bäckerei in der Zingelstraße war dafür ideal. Der Verkaufsraum wurde Café für Nichtraucher, die Backstube ein Raucherzimmer mit Kamin und die ehemalige Küche zur Backstube. Die ganze Einrichtung ist feminin und im französischen Stil, aber auch Männer fühlen sich hier sehr wohl. Die Kuchen, wie Tartes und Petit Fours, entstehen zum größten Teil nach französischen Rezepten. Das heißt: leicht, nicht so dick und mit dem gewissen Pfiff. Der Knaller jedoch ist die superdicke Zitronen-Baiser-Torte, die einem auf der Zunge zergeht.

Auch das Frühstück ist zum Teil französisch mit Croissant, Konfitüre und Café au Lait. Es gibt sieben verschiedene Spielarten, meist mit viel Obst und Gemüse.

Auch für geschlossene Gesellschaften kann man das Café oder auch nur einen der Räume reservieren lassen, wovon in Meldorf eifrig Gebrauch gemacht wird. „Mein norddeutsch-französisches Café, wie ich es immer gerne nenne, ist also ein großer Erfolg geworden, weil diese Kombinati-

CAFÉ ROSENGARTEN & AMBIENTE

on hier eine Marktlücke war", erzählt Veronika Lass in ihrer temperamentvollen Art.

Wer sich in einen Gegenstand des Cafés verliebt, sei es ein Stuhl, eine besondere Tasse oder ein Gemälde, kann es zu einem zivilen Preis erstehen und als Andenken mitnehmen.

Eine zweite Marktlücke war eine Kaffeerösterei. Auch hier hatte Veronika Lass großes Glück und fand ideale Räumlichkeiten in Büsum, in der Nähe des Hafenbeckens II, für ihren gasbetriebenen Trommelröster. Auch dieser Geschäftszweig wurde ein großer Erfolg – können doch hier die Kunden die Kaffeesorten ihrer Wahl vor Ort rösten lassen und ganz frisch genießen. Der sensationelle Kuchen aus Meldorf kann auch hier zu einer unglaublichen Tasse Kaffee genossen werden.

„Ohne die liebevolle Unterstützung meiner gesamten Familie wäre das alles nicht möglich gewesen, und ich glaube, dass die besondere At-

Im Sommer kann man auf der sonnendurchfluteten Terrasse, umgeben von wunderschönen Rosenstöcken, selbst gebackene Petit Fours und Tartes genießen.

mosphäre meines gesamten Ambientes durch den begeisterten Einsatz meiner ganzen Crew lebt."

Nordsee-Kaffeerösterei in Büsum. Im gasbeheizten Trommelröster werden hier nach alter Tradition Kaffeebohnen geröstet. Bevor sich ein Kunde für eine Kaffeesorte entscheidet, kann er sie vorher probieren.

Café Rosengarten & Ambiente

Café Rosengarten & Ambiente

Die Innenräume des Cafés haben einen femininen Charakter. Das Ambiente hat einen französischen Touch, der sich durch das ganze Café zieht. Einzigartig in Dithmarschen.

CAFÉ ROSENGARTEN & AMBIENTE

Erdbeertorte nach Ruth Moh

BISKUIT:
6 Eier
200 g Zucker
200 g Mehl
1 TL Backpulver
250 ml heißes Wasser

BELAG:
500 g Erdbeeren
2 EL Zucker
1 Pck. Tortenguss (rot)
1 Becher Schlagsahne (à 250 ml)

Eier trennen. Eiweiß steif schlagen. Eigelb und Zucker schaumig schlagen. Mehl und Backpulver vermischen, sieben und unterheben. Eischnee mit dem heißen Wasser unterrühren und den Teig in eine 28-cm-Springform füllen. Im vorgeheizten Backofen bei 170 °C ca. 45 Minuten backen. Danach auskühlen lassen.

Erdbeeren waschen. Blütenansatz entfernen, zerkleinern und zuckern. Beeren anschließend auf dem Biskuitboden verteilen. Tortenguss nach Packungsanleitung zubereiten und darübergeben. Sahne steif schlagen und die Torte damit verzieren.

Café Rosengarten & Ambiente

Mousse au Chocolat-Torte

Biskuit:
6 Eier
200 g Zucker
3 EL Mehl
1 TL Backpulver
250 ml heißes Wasser
200 g gemahlene Nüsse
3 EL Kakao

Eier trennen. Eiweiß steif schlagen und kühl stellen. Eigelb und Zucker schaumig schlagen. Mehl und Backpulver vermischen, sieben und mit dem heißen Wasser unterrühren. Anschließend die Nüsse und den Kakao hinzutun.
Eischnee mit einem Schneebesen unterheben. Teig in eine 28-cm-Springform füllen und bei 170 °C ca. 45 Minuten backen. Danach auskühlen lassen.

Creme:
250 ml kalte Milch
1 Beutel Cremepulver Mousse au Chocolat, ohne Kochen
1 Becher Schlagsahne (250 ml)
1 Pck. Sahnesteif
weiße Schokolade

Milch und Cremepulver auf höchster Stufe ca. 3 Minuten cremig rühren.
Sahne mit Sahnesteif steif schlagen und unterheben. Die Torte rundherum mit der Creme einstreichen. Restliche Creme in einen Spritzbeutel füllen und von außen nach innen dicht an dicht kleine Tuffs setzen. Mit geraspelter weißer Schokolade bestreuen.

Café Rosengarten & Ambiente

CAFÉ ROSENGARTEN & AMBIENTE

Zitronen-Baiser-Torte

ZITRONENGELEE:
125 ml Zitronensaft
2½ TL Speisestärke
125 g Zucker

3 Becher Schlagsahne (à 200 ml)

Das Zitronengelee am Vortag zubereiten. Einen EL Zitronensaft mit der Speisestärke verrühren. Restlichen Saft zusammen mit dem Zucker aufkochen, mit der angerührten Speisestärke andicken und nochmals aufkochen. Danach über Nacht in den Kühlschrank stellen.

BISKUIT:
125 g Margarine
125 g Zucker
1 Pck. Vanillezucker
4 Eigelb
1 Ei
150 g Mehl
1 TL Backpulver
3–4 EL Milch

Margarine, Zucker und Vanillezucker schaumig schlagen. Eigelb nach und nach dazugeben. Zum Schluss das ganze Ei. Mehl und Backpulver vermischen, darübersieben und unter den Teig rühren. Milch dazugeben. Anschließend den Teig auf zwei 26-cm-Springformen verteilen.

BAISER:
4 Eiweiß
250 g Zucker
Mandelblättchen

Das vorher kalt gestellte Eiweiß mit dem Zucker sehr steif schlagen. Anschließend zu ¼ und ¾ auf beiden Böden verteilen und bei 160 °C Umluft ca. 15–20 Minuten backen. Vor dem Ende der Backzeit mit Mandelblättchen bestreuen.

Sahne steif schlagen und vorsichtig mit einem Schneebesen unter das Zitronengelee heben. Anschließend auf der dünneren Baisermasse verteilen und den zweiten Boden daraufsetzen.

Gianluca Greco kreiert Neues, inspiriert durch die vielen Früchte.

CAFÉ ROSENGARTEN & AMBIENTE

Petit Fours

BISKUIT:
75 g Butter
75 g Marzipan-Rohmasse
90 g Zucker
4 Eier
1 Prise Salz
1 EL Zitronensaft
50 g Mehl
45 g Speisestärke
1 TL Backpulver

Butter in einem Topf schmelzen und anschließend etwas abkühlen lassen. Marzipan mit dem Zucker verrühren. Eier, Salz und Zitronensaft hinzufügen und luftig schlagen. Mehl, Speisestärke und Backpulver vermischen, sieben und unter ständigem Rühren hinzufügen. Flüssige Butter darunterschlagen. Biskuit auf einem mit Backpapier ausgelegten Backblech verteilen und auf mittlerer Schiene im vorgeheizten Backofen bei 200 °C ca. 10–12 Minuten backen. Falls sich Blasen bilden sollten, vorsichtig mit einem Zahnstocher einstechen. Anschließend den Biskuit auf ein sauberes Küchentuch oder ein großes Brett stürzen und das Backpapier vorsichtig abziehen. Den Biskuit mit einem scharfen Messer

CAFÉ ROSENGARTEN & AMBIENTE

in drei gleichmäßige Streifen schneiden. Das Messer vor jedem Schnitt in heißes Wasser tauchen.

MARZIPANSCHICHT:
75 g Marzipan-Rohmasse
4 EL Puderzucker
2 cl Kirschwasser

FÜLLUNG:
Aprikosenkonfitüre
Kirschkonfitüre

Marzipan und Puderzucker weichkneten. Nach Geschmack noch etwas Kirschwasser hinzugeben. Die Biskuitstreifen vorsichtig mit der Marzipanmasse bestreichen. Die ersten beiden Böden aufeinanderpressen und mit den Konfitüren bestreichen. Den dritten Streifen darauflegen und andrücken. Anschließend in mundgerechte Stücke schneiden.

GUSS:
200 g Puderzucker
1 Eiweiß
Kirschsaft od. rote Lebensmittelfarbe

Puderzucker und Eiweiß zu einem Zuckerguss verrühren. Mit ein paar Tropfen Kirschsaft oder Lebensmittelfarbe färben. Kuchen mit einem Zahnstocher aufstechen, vorsichtig in den Guss tauchen und auf ein Kuchengitter setzen. Mit Perlen, Zuckerschrift und bunten Blüten dekorieren und über Nacht trocknen lassen.

> **TIPP:**
> Man kann die Kuchen auch mit verschiedenen Ausstechformen ausstechen, glasieren und dekorieren. Sie eignen sich wunderbar als kleine Mitbringsel.

Tricolore

1 PORTION
ca. 80–100 ml Milch
4 cl Eierlikör
2 Espressi

Milch in einem Topf stark erhitzen und aufschäumen.
Eierlikör in ein Glas mit Henkel füllen. Milchschaum mit einem Löffel abschöpfen und auf den Eierlikör setzen. Anschließend den Löffel auf den Rücken drehen und die heiße Milch langsam über den Löffelrücken gießen, so erreicht man, dass sich der Eierlikör nicht mit der Milch vermischt. Espressi zubereiten und langsam von oben in den Milchschaum gießen.

Kleines Café im Gewächshaus

KLEINES CAFÉ IM GEWÄCHSHAUS

Mitten in Dithmarschens Kreisstadt Heide liegt sehr versteckt und idyllisch die „Alte Gärtnerei" der Familie Oesterreich. Sie ist schon in vierter Generation im Familienbesitz, und Dirk Oesterreich, ein Diplom-Ingenieur-Landespfleger hat sie zu einem wahrhaften Pflanzenkunstwerk gemacht. Sein Urgroßvater war schon Landschaftsgärtner und fuhr noch mit dem Pferdewagen zu seinen Kunden. Später handelte er mit selbst gezogenen Zierpflanzen. Sein Urenkel Dirk Oesterreich studierte nach dem Abitur Garten- und Landschaftsarchitektur und arbeitete dann in einem großen Betrieb in Kiel, wo er seine Frau Judith kennen- und lieben lernte. Er nahm sie mit nach Heide, und dort entwickelten die beiden diesen zauberhaften Wundergarten, der immer wieder enthusiastische Gartenliebhaber anzieht. Hier kann man sich stundenlang auf Entdeckungsreise begeben und landet dann garantiert in dem alten Gewächshaus, das einen riesigen Bollerofen hat, der eine gemütliche Wärme ausstrahlt, umgeben von allen möglichen Kletterpflanzen.

Auch im Buchsgarten, neben der Rose „Königin von Dänemark", gibt es lauschige Plätzchen, um den Gaumen mit Kaffee und Kuchen zu streicheln.

Die Gäste sagten immer wieder: „Und jetzt noch eine gemütliche Tasse Kaffee …, das wär doch was!" Und so wurde die Idee zum „Kleinen Café im Gewächshaus" geboren, zunächst im Kopf von Judith Oesterreich, die sie dann im Jahre 2009 in die Tat umsetzte. Es entstand ein kuscheliges Miniaturcafé, ein Geheimtipp für Liebhaber. Neben ihrer Liebe zu Blumen und Pflanzen konnte sie hier ihre zweite Begabung entwickeln. Sie hatte schon immer leidenschaftlich gern Kuchen gebacken und Torten gezaubert. Hier hat sie das Kunststück vollbracht, beides zu kombinieren. Das muss man sich zum Beispiel folgendermaßen vorstellen: In dem kleinen Café im Gewächshaus gibt es zum Beispiel eine Maulwurfstorte, die optisch einem Maulwurfshügel gleicht, eine verblüffende Kreation.

Die rustikale Sitzecke im Gewächshaus bietet sich für einen Kaffeeklatsch an.

KLEINES CAFÉ IM GEWÄCHSHAUS

Weiterhin ließ sie sich inspirieren von einer sogenannten Kräuterspirale in dem Garten der Alten Gärtnerei. Sie ist ein riesiges schneckenförmiges Kräuterbeet, das man auf einem schmalen Weg immer weiter nach oben begehen kann, und auf diesem Wege findet man die ausgefallensten Kräuter. Sie inspirierten Judith Oesterreich zu einem Kräutersandkuchen mit einem vollkommen neuen Geschmack – und ganz ohne Zucker. Viele weitere solcher Kreationen sind hier zu entdecken.

Aber im Sommer hält es einen nicht allzu lange in dem Kuschelcafé, weil es einfach draußen in dem Zaubergarten viel zu viel zu entdecken gibt. Jeder, der zum Shoppen nach Heide fährt, sollte sich diesen Genuss für Augen und Gaumen gönnen. Und alles kann man natürlich erwerben: Pflanzen, Blumen, kunstgewerbliche Gegenstände und natürlich Kuchen und Torten.

Mitten in dem Garten der „Alten Gärtnerei", zwischen einer Blütenpracht, locken lauschige Sitzecken.

Winzig klein und urgemütlich ist es im „Kleinen Gewächshaus". Im Winter sorgt der „Bollerofen" für eine kuschelige Wärme.

Im großen Gewächshaus steht ein riesiger Feigenbaum. Dieser ist schon eine Sehenswürdigkeit für sich, und er muss jedes Jahr stark beschnitten werden, damit er nicht das Dach des Gewächshauses sprengt. In seinem Schatten kann man die sagenhafte Feigentorte genießen. Erwähnenswert sind noch die Events in der alten Gärtnerei wie Frühlingstage, der offene Garten zum Muttertag, das Kräuterfest zum Heider Marktfrieden, Offener Garten im Hoch- und Spätsommer und die Einstimmung in die Adventszeit. Die alte Gärtnerei Oesterreich und das Gewächshauscafé bieten beide zusammen ein zauberhaftes Erlebnis.

Kleines Café im Gewächshaus

KLEINES CAFÉ IM GEWÄCHSHAUS

Lavendel-Cupcakes

KLEINES CAFÉ IM GEWÄCHSHAUS

Lavendel-Cupcakes

TEIG:
50 g gemahlene Mandeln
50 g weiche Butter
140 g feiner Zucker
1 Pck. Vanillezucker
2 Eier
200 g Mehl
1 geh. TL Backpulver
1 Prise Meersalz
1 EL frische od. getrocknete Lavendelblüten
150 ml Milch

> „CUPCAKES" – Süße Törtchen, die zum Trendgebäck avancierten. Hier im kleinen Gewächshaus gelten die Sweeties als Spezialität des Hauses. Sie haben einen leichten und luftigen Teig und sind immer mit einer Creme gekrönt.

Die Mandeln in einer Pfanne ohne Fett leicht anrösten und abkühlen lassen. Butter, Zucker und Vanillezucker schaumig schlagen, Eier hinzugeben und weiter schlagen. Mehl und Backpulver vermischen. Mandeln, Salz und Lavendelblüten dazumischen. Milch im Wechsel mit der Mehlmischung unter die Eimasse rühren. Muffinblech mit 12 Vertiefungen einfetten und bemehlen. Teig in die Mulden füllen und im vorgeheizten Backofen bei 180 °C ca. 30 Minuten backen. Anschließend 10 Minuten abkühlen lassen. Cupcakes aus der Form nehmen und auskühlen lassen.

CREME:
120 g Puderzucker
75 g weiche Butter
175 g Frischkäse (Zimmertemperatur)
1 Prise Meersalz
1–2 EL frische od. getrocknete Lavendelblüten

Puderzucker sieben und mit Butter, Frischkäse und Salz verrühren. Blüten zerkleinern und unter die Creme heben. Anschließend kühl stellen. Pro Cupcake 2–3 TL Creme setzen und mit Lavendelblüten bestreuen. Bis zum Servieren kühl stellen.

Kräuterwasser Gärtnerinnenart

„Für diese Sommererfrischung sammle ich verschiedenste Kräuterkombinationen von unserer Kräuterspirale und aus unserem Garten. Alle Kräuter sind bei uns in der Gärtnerei erhältlich. Das Getränk ist köstlich im Geschmack und ohne Zucker."

1 l Mineralwasser
1 Sträußchen Kräuter von einer Sorte oder gemischt (Süßdolde, Duftnessel, Zitronenverbene, Zitronenthymian, Oregano in Grün oder Gelb und natürlich verschiedene Minzen, umspielt von den himmelblauen Blüten des Borretsch)

Die Zubereitung ist ganz einfach:
Das Sträußchen ins Mineralwasser hängen und nach ca. 3 Stunden (individuell nach Geschmack) entfernen. Gut gekühlt servieren.

Kleines Café im Gewächshaus

Feigentorte der Alten Gärtnerei

Biskuit:
3 Eigelb
2–3 EL warmes Wasser
125 g Zucker
1 Pck. Vanillezucker
3 Eiweiß
75 g Weizenmehl
75 g Speisestärke
2 TL Backpulver

Eigelb mit dem Wasser schaumig schlagen. Nach und nach ²/₃ des Zuckers und Vanillezucker dazugeben und schlagen, bis eine cremige Masse entstanden ist. Eiweiß mit dem restlichen Zucker steif schlagen und auf die Eigelbmasse geben. Mehl, Speisestärke und Backpulver vermischen, über die Eigelbmasse sieben und unterziehen. Teig in eine gefettete, mit Backpapier ausgelegte 26-cm-Springform füllen und im vorgeheizten Backofen bei 180 °C ca. 30 Minuten backen. Anschließend gut auskühlen lassen, Papier abziehen und einmal durchschneiden.

Füllung:
200 g getrocknete Feigen
etwas Wasser
4 Becher Schlagsahne (à 200 ml)
3 Pck. Sahnesteif
2–3 EL Feigenaufstrich aus dem Glas
1 D. eingelegte Feigen
gehackte Pistazien

Für die Feigensahne die getrockneten Früchte entstielen, klein schneiden und mit etwas Wasser weichköcheln. Abkühlen lassen, mit dem Stabmixer pürieren und den Feigenaufstrich unterrühren. Sahne mit Sahnesteif steif schlagen und das kalte Feigenmus einrühren. Die Hälfte der Feigensahne auf dem unteren Biskuitboden verteilen, den zweiten Boden darauflegen und die Torte mit der restlichen Sahne einkleiden. Die abgetropften Feigen mit Küchenpapier trockentupfen, 8 Früchte als Dekoration auf den Tortenrand setzen und mit gehackten Pistazien bestreuen.

Sahniger Maulwurfshügel

RÜHRTEIG:
4 Eiweiß
125 g weiche Butter
125 g Zucker
1 Pck. Vanillezucker
4 Eigelb
50 g Weizenmehl
10 g Kakaopulver
4 gestr. TL Backpulver
75 g Haselnüsse, gemahlen
100 g geraspelte Zartbitterschokolade

Eiweiß steif schlagen. Butter geschmeidig rühren. Zucker, Vanillezucker und Eigelb nach und nach dazugeben und schaumig rühren. Mehl, Kakaopulver, Backpulver, Haselnüsse und Raspelschokolade vermischen und in 2 Portionen kurz unterrühren. Eischnee vorsichtig unterheben und den Teig in eine gefettete 26-cm-Springform füllen. Im vorgeheizten Backofen bei 180 °C ca. 60 Minuten backen.
Den erkalteten Boden mit einem Messer vom Rand gut 1 cm breit und tief einschneiden. Die innere Fläche mit einem Löffel aushöhlen und den entnommenen Boden in einer Schüssel fein zerbröseln.

FÜLLUNG:
2 mittelgroße Bananen
1 Glas Sauerkirschen (370 g Abtropfgewicht)
3 Becher Schlagsahne (à 200 ml)
3 Pck. Sahnesteif
25 g Zucker
1 Pck. Orangenzucker

Bananen schälen, längs halbieren und auf den ausgehöhlten Boden legen. Die im Sieb abgetropften Kirschen mit Küchenpapier trockentupfen und zwischen den Bananen verteilen. Sahne mit Sahnesteif, Zucker und Orangenzucker steif schlagen und kuppelartig auf dem Obst verstreichen. Brösel auf der Sahne verteilen und dabei leicht andrücken. Der Maulwurfshügel sollte vor dem Anschnitt 1 Stunde gekühlt werden.

Kleines Café im Gewächshaus

Gärtnersandkuchen

mit Kräutern, ohne Zucker

250 g Margarine
1½ EL frische oder getr. Zitronenverbeneblätter
4 Eier
4 EL Wasser
1 Pck. Zitronenschale
⅓ TL weißes Steviapulver (Reformhaus)
300 g Mehl
75 g Speisestärke
2 geh. TL Backpulver
2 TL Zimt
100 g Cranberrys

Gugelhupfform einfetten und bemehlen. Margarine zerlassen und abkühlen lassen. Zitronenverbeneblätter zerkleinern. Eier mit dem Wasser schaumig schlagen. Zitronenschale, Steviapulver und zerlassene Margarine unterrühren. Mehl, Speisestärke, Backpulver, Zitronenverbene und den Zimt vermischen und unterheben. Ganz zum Schluss die Cranberrys hinzufügen. Den Teig in die Form füllen und im vorgeheizten Backofen bei 180 °C ca. 50 Minuten backen. Abkühlen lassen und aus der Form stürzen.

Dinkelbrot
mit feinen Gewürzen

„Die Zutaten für mein Dinkelbrot stelle ich immer unterschiedlich zusammen. Ich backe das Brot im Backautomaten und bin mit dem Ergebnis sehr zufrieden."

Grundmischung:

350 ml lauwarmes Wasser
350 g Dinkelvollkornmehl
100 g Dinkelmehl
50 g Leinsamen, geschrotet
1 TL Salz
1 Handvoll Kürbiskerne
(nach Geschmack auch Goldhirse,
Sonnenblumenkerne oder andere Körner)
1 Pck. Trockenhefe
2 EL Brotgewürz mit Fenchel, Kümmel,
Koriander
1 TL Zucker

„Ich nehme auch Roggenschrot, Natursauerteig oder Kräuter in meine Brotkompositionen auf. Das Wasser wird als erstes in den Brotbehälter gefüllt, es folgen die anderen Zutaten. Salz und Hefe sollen sich nicht direkt berühren. Den Automaten nach Anleitung bedienen."

Kleines Café im Gewächshaus

Gelbe Eierlikör-Torte

Rührteig:
80 g weiche Butter
80 g Zucker
1 Pck. Vanillezucker
4 Eigelb
200 g Mandeln, gemahlen (Haselnüsse)
1 TL Backpulver
100 g geraspelte Zartbitterschokolade
2 EL Eierlikör
4 Eiweiß

Belag:
5 EL Preiselbeeren
500 ml Schlagsahne
2 Pck. Sahnesteif
1 Pck. Vanillezucker
3 EL Eierlikör
125 ml Eierlikör
Schokostreusel

Butter geschmeidig rühren, Zucker und Vanillezucker einrieseln lassen. Nach und nach das Eigelb hinzugeben. Pro Eigelb ½ Minute schlagen, bis eine schaumige Eigelbmasse entsteht. Mandeln, Backpulver und Schokoladenraspel vermischen und portionsweise mit dem Eierlikör untermischen. Eiweiß steif schlagen und vorsichtig unterheben. Den Teig in eine 26-cm-Springform füllen und im vorgeheizten Backofen bei 180 °C ca. 60 Minuten backen. Anschließend den Boden gut auskühlen lassen.

Preiselbeeren auf dem erkalteten Boden verstreichen. Sahne mit Sahnesteif, Vanillezucker und 3 EL Eierlikör steif schlagen. ²/₃ der Eierlikörsahne auf den Preiselbeeren und dem Tortenbodenrand verteilen. Restliche Sahne in einen Spritzbeutel füllen und dicht an dicht Sahnetuffs als Rand auf die Torte spritzen. Sahnerest zum Verzieren. Eierlikör in die Mitte der Torte gießen und verteilen. Mit Schokostreusel bestreuen. Anschließend die Torte 1 Stunde in die Kühlung stellen.

Kleines Café im Gewächshaus

Rüblitorte

300 g Möhren
5 Eigelb
5 EL Wasser
200 g Zucker
5 Eiweiß
250 g Haselnüsse, gemahlen (Mandeln)
80 g Semmelbrösel
½ TL Backpulver
½ TL Zimt
½ TL Orangenschalenaroma

Möhren schälen, fein reiben und zur Seite stellen. Eigelb mit Wasser und Zucker gut schaumig schlagen. Eiweiß steif schlagen und auf die Eigelbmasse geben. Geriebene Möhren hinzugeben. Haselnüsse mit den Semmelbrösel, Backpulver und Gewürzen mischen, ebenfalls dazugeben und unterheben. Teig in eine gefettete 26-cm-Springform füllen und im vorgeheizten Backofen bei 180 °C ca. 60 Minuten backen.

Tille's Scheune

TILLE'S SCHEUNE

Tilles's Scheune ist ein kunsthandwerklicher Laden in typisch skandinavischem Stil, und wenn Tille uns mit ihren strahlend grün-gelben Augen und ihren langen blonden Haaren freundlich empfängt, fühlt man sich nach Schweden versetzt.

So ist ihr Café ein Holzbau in skandinavischem Design, weiß-rot gestrichen – Ochsenblut, wie sie selbst sagt. Erbaut von ihrem Lebensgefährten Michael Haje, einem Zimmermeister.

Angefangen hatte alles mit einer Scheune in Neufeld, in der Nähe der Elbmündung. Weil sie immer schon gerne bastelte, auch in den Jahren mit ihren kleinen Kindern, wollte sie diese Dinge einmal der Öffentlichkeit zugänglich machen und veranstaltete Ausstellungen in der Scheune. Besonders die Sommer-, Weihnachts- und Osterausstellungen sind in der Gegend und bei den Touristen sehr beliebt. Andenken und Mitbringsel in allen Preislagen kann man hier entdecken,

Neufeld an der Elbmündung.

Die Kaffeestube ist im schwedischen Stil eingerichtet.

TILLE'S SCHEUNE

Neufeld ist ein sehr schöner Ort, im westlichen Dithmarschen gelegen, in der Nähe des kleinen idyllischen Sporthafens. Viele Fahrradtouristen finden hier eine herrliche Landschaft vor, und wenn sie sich hungrig geradelt haben, laden kleine Restaurants direkt hinter dem Deich zu einer Stärkung ein.

Tille bietet mittwochs bis sonntags von 13:30–17:30 Uhr hauptsächlich Torten und Kuchen an, aber auch ein umfangreiches Frühstück mit allem Drum und Dran können kleinere und größere Gruppen bei ihr bestellen.

Erwähnenswert ist noch, dass ihr Café ganzjährig geöffnet ist und für Betriebs- und Familienfeste zur Verfügung steht – im Winter an dem dekorativen und wärmenden Kamin.

Tille's Scheune – ein Geheimtipp!

Überall auf dem Grundstück entdeckt man, aus verschiedenen Materialien hergestellt, einen Elch. Er ist inzwischen zu Tilles Markenzeichen geworden.

und alle haben diesen sympathischen, skandinavischen Touch. Interessierte, die öfters mal gerne in Dänemark shoppen, wissen schon, wovon die Rede ist. „Du musst deinen Besuchern auch Kaffee anbieten", sagten eines Tages ihre Freundinnen. So entstand mit der Zeit ein zweiter Erwerbszweig und die Idee, ein Café zu bauen und zu eröffnen: Tille's Scheune, Kunsthandwerk und Café.

Ihr bürgerlicher Name ist eigentlich Anja Berthold, aber schon im Kindergarten hatte sie den Spitznamen Tille weg. Er ist bis heute geblieben, und er passt!

Auch im Garten und auf der Terrasse findet man Kunsthandwerk.

TILLE'S SCHEUNE

TILLE'S SCHEUNE

Stachelbeer-Baiser-Torte, Apfel-Cranberry-Torte, Marzipan-Nuss-Torte und Schwedische Törtchen

Tille's Scheune

Schwedische Törtchen

Mürbeteig:
250 g Mehl
½ TL Backpulver
80 g Zucker
½ Pck. Vanillezucker
1 Ei
1 EL Rum
125 g Margarine

Belag:
2 EL Paniermehl
1 Pck. Vanille-Puddingpulver
2 EL Zucker
500 ml Milch
6 TL Rum
versch. frische Obstsorten
1 Pck. Tortenguss (weiß)

Mehl mit Backpulver, Zucker und Vanillezucker vermischen. Ei, Rum und Margarine hinzufügen und zu einem geschmeidigen Teig verkneten. Mürbeteig auf einer leicht bemehlten Fläche dünn ausrollen. Törtchenformen (11 cm Durchmesser) leicht einfetten und mit Paniermehl bestreuen. Mit den Förmchen Kreise ausstechen und den Teig in die Förmchen legen. Ofen auf 200 °C vorheizen und auf der mittleren Schiene ca. 18–20 Minuten backen. Auf ein Gitter stürzen, Förmchen abnehmen und auskühlen lassen. Inzwischen den Pudding nach Packungsanleitung kochen und abkühlen lassen.
Mürbeteigtörtchen mit je 1 TL Rum beträufeln und mit Vanillepudding füllen. Obst schälen, in Scheiben schneiden und die Törtchen damit belegen. Tortenguss nach Packungsanleitung zubereiten und auf dem Obst verteilen.

Marzipan-Nuss-Torte

Teig:
6–7 Eier
200 g Zucker
200 g Haselnüsse, gemahlen
25 g Mehl

Füllung/Belag:
4 Becher Schlagsahne (à 200 ml)
Zucker
1 Marzipandeckel (300 g)

Eier trennen. 150 g Zucker und Eigelb schaumig schlagen. Restlichen Zucker und Eiweiß steif schlagen und vorsichtig unter die Eigelbmasse heben. Haselnüsse und Mehl dazugeben und den Teig vermengen. Anschließend in eine gefettete 26-cm-Springform füllen und glattstreichen. Bei 180 °C ca. 60 Minuten backen.
Auf einem Kuchengitter auskühlen lassen und nach Wunsch in 2–3 Hälften teilen.

Sahne steif schlagen und süßen, auf die einzelnen Böden auftragen und aufeinanderlegen. Anschließend die ganze Torte mit Sahne einkleiden.
Mit dem Marzipandeckel belegen. Die Oberfläche nach Geschmack garnieren und den Rand mit gemahlenen Haselnüssen bestreuen.

Stachelbeer-Baiser-Torte

BISKUIT:
125 g Margarine
4 Eigelb
75 g Zucker
150 g Mehl
2 TL Backpulver

Margarine mit dem Eigelb und Zucker schaumig schlagen, bis sich der Zucker aufgelöst hat. Mehl und Backpulver vermischen, darübersieben und unterrühren. Zwei 26-cm-Springformen einfetten, den Teig auf die beiden Formen verteilen und glattstreichen.

BAISER:
4 Eiweiß
120 g Zucker
1 Pck. Vanillezucker
100 g gehobelte Mandeln

Eiweiß mit Zucker und Vanillezucker sehr steif schlagen und auf die beiden Böden geben. Eischnee nicht glätten, sondern die Oberfläche mit einem Esslöffel unregelmäßig verstreichen. Beide Baiserböden mit gehobelten Mandeln bestreuen und bei 175 °C Umluft ca. 20 Minuten backen. Bei Ober- und Unterhitze die Böden nacheinander bei 180 °C backen. Gut auskühlen lassen.

FÜLLUNG:
1 Glas Stachelbeeren (360 g Abtropfgewicht)
1 Pck. Vanille-Puddingpulver
2 EL Zucker
500 ml Schlagsahne
1 Pck. Sahnesteif
1 Pck. Vanillezucker

Stachelbeeren auf einem Sieb abtropfen lassen. 3 EL Saft entnehmen und das Puddingpulver damit anrühren. Den Rest des Saftes in einem Topf erhitzen (ca. 300 ml Flüssigkeit, ansonsten mit Apfelsaft oder Wasser auffüllen). Wenn der Saft kocht, das Puddingpulver einrühren und sofort die Stachelbeeren unterziehen. Einen der beiden Böden auf eine Tortenplatte setzen und die angedickten Stachelbeeren darauf verteilen. Wenn die Stachelbeermasse ganz ausgekühlt ist, Sahne mit Zucker und Vanillezucker steif schlagen und daraufstreichen. Den zweiten Boden in zehn Tortenstücke schneiden und diese auf der Sahne wieder zusammensetzen. Das verhindert, dass die Füllung beim Zerteilen der Torte zerquetscht wird.

TILLE'S SCHEUNE

Käse-Cranberry-Torte

MÜRBETEIG:
200 g Weizenmehl
1 gestr. TL Backpulver
75 g Zucker
1 Pck. Vanillezucker
1 Ei
100 g weiche Butter

Mehl mit Backpulver vermischen und in eine Rührschüssel sieben. Übrige Zutaten hinzufügen, alles mit einem Handrührgerät vermengen und zu einem glatten Teig verarbeiten. Den Teig in eine gefettete 28-cm-Springform geben.

KÄSEMASSE:
4 Eier
150 g Zucker
750 g Magerquark
1 Pck. Vanillezucker
250 ml Milch
1 Pck. Käsekuchenhilfe
150 g Cranberrys

Eier trennen. Eiweiß mit $1/3$ des Zuckers steif schlagen. Eigelb mit dem restlichen Zucker und den übrigen Zutaten vermengen und mit einem Handrührgerät auf höchster Stufe etwa eine Minute glattrühren. Käsekuchenhilfe und Eischnee untermengen. Ganz zum Schluss die Cranberrys vorsichtig unterheben. Masse in die Form füllen und glattstreichen. Bei 170 °C Ober- und Unterhitze ca. 60–70 Minuten backen. Danach zehn Minuten im Backofen stehen lassen. Springform lösen und den Kuchen erkalten lassen.

TIPP:
Mürbeteig lässt sich gut auf Vorrat zubereiten. Er ist in Folie gewickelt im Kühlschrank etwa eine Woche haltbar.

TILLE'S SCHEUNE

Johannisbeer-Marzipan-Torte

MARZIPANBODEN:
125 g Butter
125 g Zucker
1 Pck. Vanillezucker
1 Prise Salz
2 Eier
100 g Mehl
50 g Speisestärke
½ TL Backpulver
50 g Marzipan-Rohmasse
3–4 Tropfen Bittermandelöl
1 EL gemahlene Mandeln

Butter, Zucker, Vanillezucker und Salz cremig schlagen. Eier hinzufügen. Mehl, Speisestärke und Backpulver vermischen und unter den Teig heben. Fein gewürfeltes Marzipan und Bittermandelöl unter den Teig rühren. Eine 26-cm-Springform gut ausfetten und mit gemahlenen Mandeln ausstreuen. Teig in die Form geben, glattstreichen und im vorgeheizten Backofen bei 175 °C ca. 15–20 Minuten backen. Boden aus der Form lösen und auskühlen lassen.

CREME:
125 ml Wasser
100 g Zucker
1 Pck. Vanille-Puddingpulver
50 g Butter
1 Ei
1 EL Johannisbeerlikör

Wasser, Zucker und Puddingpulver aufkochen lassen und danach Butter, Ei und Johannisbeerlikör unterheben. Creme auf dem Marzipanboden glattstreichen und abkühlen lassen.

BELAG:
700 g frische Johannisbeeren
Zucker
2 Pck. Tortenguss (rot)
100 g Mandelblättchen, geröstet

Johannisbeeren von den Rispen zupfen, abbrausen, gut abtropfen lassen und zuckern. Anschließend auf dem Boden verteilen. Tortenguss nach Packungsanleitung zubereiten und über die Johannisbeeren gießen. Mit gerösteten Mandelblättchen bestreuen. Mit geschlagener Sahne verzieren oder dazu reichen.

Tille's Scheune

Apfel-Cranberry-Torte

BISKIT:
3 Eier
75 g Zucker
1 Pck. Vanillezucker
100 g Weizenmehl
2 EL Speisestärke
½ Pck. Backpulver

Eier, Zucker und Vanillezucker mit dem Mixer schaumig schlagen. Mehl, Speisestärke und Backpulver vermischen und nach und nach unterheben.
Teig in eine gefettete 26-cm-Springform füllen und bei 180 °C Heißluft ca. 15–20 Minuten backen. Danach auf einem Kuchengitter auskühlen lassen.
Boden auf eine Tortenplatte setzen und mit einem Tortenring umlegen.

FÜLLUNG:
400 g Schmand
150 g Gelierzucker 1:1
500 ml Schlagsahne
Saft von 1 Zitrone

Schmand und Gelierzucker verrühren. Sahne sehr steif schlagen und mit dem Zitronensaft unter den Schmand heben. Creme auf den Boden geben, glattstreichen und über Nacht in den Kühlschrank stellen.

500 ml Apfel-Cranberry-Saft
1 Pck. Vanille-Puddingpulver

Apfel-Cranberry-Saft in einen Topf füllen und aufkochen lassen. Nach Packungsanleitung angerührtes Puddingpulver hinzufügen, aufkochen und abkühlen lassen. Danach auf die Creme streichen und die Torte nochmals kühl stellen. Mit Sahne und Apfelscheiben verzieren.

Tille's Scheune

Zitronen-Crash-Torte

BISKUIT:
4 Eier
125 g Butter
325 g Zucker
150 g Mehl
2 EL Milch
2 TL Backpulver

ZITRONENCREME:
125 ml Wasser
100 g Zucker
1½ Pck. Vanille-Puddingpulver
1 großes Ei
50 g Butter
1 Becher Schlagsahne (200 ml), geschlagen
Saft von 5 Zitronen

Eier trennen. Butter mit 125 g Zucker und 4 Eigelb schaumig schlagen. Anschließend Mehl, Milch und Backpulver hinzugeben und ordentlich vermengen. Teig auf zwei gefettete 26-cm-Springformen verteilen.
Für das Baiser die restlichen 200 g Zucker sowie das Eiweiß zu Eischnee schlagen und gleichmäßig auf den beiden Böden verteilen. Im vorgeheizten Backofen bei 175 °C 30 Minuten backen. Anschließend erkalten lassen.

Wasser, Zucker und Puddingpulver verrühren und bei mittlerer Hitze in einem Topf erhitzen. Pudding erkalten lassen. Ei und Butter verrühren, unter die geschlagene Sahne heben und die Masse dann vorsichtig unter den Pudding heben. Zitronensaft tropfenweise darunterrühren. Zitronencreme auf den unteren Boden auftragen und mit dem zweiten Baiser-Boden bedecken.

SERVICE

2FACH
Floristik & Patisserie
Saarbrückenstr. 14/Hinterhof
24114 Kiel
Tel.: 0431-5302333
www.2fach.eu
www.kiels-gute-adressen.de
Öffnungszeiten: Mo.–Sa. 9–18 Uhr
Sonderveranstaltungen, Kunstausstellungen, Weinproben usw. werden in der lokalen Presse oder im Internet bekanntgegeben.
Parkplätze vorhanden.
2fach Floristik & Patisserie, das sind Sven Wagenknecht und Corinna Fleißer, Floristikmeister und Konditormeisterin. Wir verbinden Augenschmaus und Gaumenfreuden. Bei uns bekommen Sie nicht nur Schnittblumen und Pralinen sowie Topfpflanzen und Tafelschokoladen, sondern Patisserie und außergewöhnliches Floraldesign. Wir machen Präsente und Präsentationen. Ausführliche und kreative Beratung bei Brautsträußen und Hochzeitstorten sind obligatorisch.
Alles aus einer Hand und 2fach gut.

CAFÉ „ALTE SCHULE"
Inh. Edith Kettenburg
Wulfshagen 13
24214 Gut Wulfshagen
(B 76 Abfahrt Wulfshagen)
Telefon 04346-600262
www.cafe-alte-schule-wulfshagen.de
info@cafe-alte-schule-wulfshagen.de
Öffnungszeiten:
Di.–So. 14–18 Uhr, vom 1.5.–30.9.2011 mittwochs bis 22 Uhr geöffnet (kl. Abendkarte), vom 1.11.2011–28.2.2012 Mi.–So. 14–18 Uhr und nach Vereinbarung
Neben hausgemachten Torten und kulinarischen Köstlichkeiten werden Ihnen im literarischen Salon regelmäßig auch kulturelle Leckerbissen geboten. Jeden 1. und 3. Sonntag im Monat bieten wir Ihnen ein reichhaltiges Frühstücksbuffet (nur mit tel. Reservierung).
Das Café Alte Schule richtet für Sie Ihre individuellen Feiern wie z.B. Geburtstage, Konfirmationen, Hochzeiten etc. in einem festlichen Rahmen aus. Dieses Angebot gilt auch für Firmen, die in einer gemütlichen Atmosphäre ihre Betriebs- und/oder Weihnachtsfeiern genießen möchten.
Das Café und die 35 m² große Terrasse sowie der ruhige, von alten Buchen und Eichen umgebene Garten bieten insgesamt ca. 90 Plätze (innen 50, außen 40).
Eine weitere Attraktion für die Region ist das jeweils am 1. Wochenende des Monats September auf dem Gut Wulfshagen stattfindende Obst- und Ochsenfest.

CAFÉ „ALTES RAUCHHAUS"
Helga und Jens Struve
Kleinredder 1
24634 Padenstedt
Tel.: 04321-23681
E-Mail: info@cafe-altes-rauchhaus.de
www.cafe-altes-rauchhaus.de
Öffnungszeiten: Do.–So. von 13–18 Uhr sowie für Ihre Feierlichkeiten zusätzlich nach Vereinbarung
Barrierefreies Café
50 Innen- und 70 Außenplätze
Rustikales Ambiente in einer 400 Jahre alten reetgedeckten Kate (denkmalgeschützt) mit Kamin, unter 500 Jahre alten Bäumen.
Unser Café liegt am Naturpark Aukrug und direkt am Ochsenweg, im Ortskern von Padenstedt.
Selbst gebackene Torten und Kuchen nach alten Rezepten.
Wir bieten Führungen für Gruppen an: Renaturierungsverein Padenstedt
Standesamtliche Trauungen
Feierlichkeiten wie Konfirmationen, Geburtstage, Jubiläen, Firmenfeiern
Besondere Veranstaltungen wie: Grünkohlessen, Klönschnack in den Mai usw. machen wir auf unserer Internetseite bekannt.
Ausflugsmöglichkeiten im Ort: Am Wochenende Pony Park Padenstedt.

DEICHHOF HASELDORF
Klaus Rebattu
Hauptstr. 39
25489 Haseldorf
Tel.: 04129-955550
Klaus.Rebattu@onlinehome.de
www.deichhof-haseldorf.de

SERVICE

Öffnungszeiten: Do.–So. 11–18 Uhr
Innen 60 Sitzplätze, Tenne 120 Sitzplätze,
Garten 45 Sitzplätze
Neben dem Café-Besuch im reetgedeckten Bauernhaus kann man hier Feste feiern, die Räumlichkeiten für Seminare mieten oder nach Möbeln stöbern, die in der eigenen Werkstatt gefertigt werden. Mittags gibt es eine Brotzeit. Brunch jeden 1. Sonntag im Monat, und ab April wird jeden 2. Sonntag am Deich gegrillt (vorher anmelden), mit Produkten aus der Region.

Café „Hof Mühlenwurth"

Familie Schuldt
Hohenhorster Chaussee 58
25489 Hohenhorst
Tel.: 04129-745
Fax: 04129-955290
Öffnungszeiten: täglich 14–18 Uhr
Di. u. Mi. Ruhetag
Januar u. Februar nur Sa., So. u. Mo. geöffnet
Im August zwei Wochen Urlaub
Im Café Mühlenwurth können Sie selbst gebackene Torten im ehemaligen Kuhstall oder im Bauerngarten genießen.
Jeden 1. Sonntag im Monat haben Sie die Möglichkeit, bei uns zu frühstücken, wer möchte auch im Bett. Um Anmeldung wird gebeten.
Auf der Diele kann man im „Lütten Loden" stöbern und die „Schatzfundstelle" besichtigen. Zum Garten gelangt man über den 600 m langen Wanderweg, direkt am Elbdeich.
Gruppen und kleine Feiern sind jederzeit nach Vereinbarung möglich.

Kleines Café im Gewächshaus Alte Gärtnerei

Judith und Dirk Oesterreich
Tivolistr. 22
25746 Heide
Tel.: 0481-67537
Fax: 0481-2122393
www.garten-oesterreich.de
Öffnungszeiten wechseln nach Jahreszeiten, bitte erfragen oder auf die Homepage schauen. 10 Plätze im Innenraum, Reservierungen möglich. Weitere Plätze in der schönen Gartenanlage mitten in der Stadt, ganz verträumt im Grünen gelegen.
Verkauf von Pflanzen und Accessoires.
Veranstaltungen: Frühlingserwachen, Muttertagskaffee, Offener Garten (3. Wochenende im Juni und 1. Sonntag im Mai, Juni, Juli, August).
Sommerlicher Kräuterspaziergang auf der Kräuterspirale, herbstlicher Lichterspaziergang oder Adventsstimmung.
Nicht nur für Gartenfreunde ein Urlaub für die Seele.
Für das leibliche Wohl gibt es selbst gebackene Kuchen, Torten und Brot. Wünsche wie Frühstück oder Kaffeerunden sind möglich.

Café Obstgarten

Café & Bistro
Ellenberger Straße 2
24376 Kappeln
Tel.: 04642-964340
Tel.: 04641-2122 (Privat)
www.cafe-obstgarten.de
post@cafe-obstgarten.de
Öffnungszeiten: Mai–September
täglich 9 bis ca. 19 Uhr
April u. Oktober tägl. 13:30–18 Uhr
November–März Sa. 13:30–18 Uhr
So. 13–18 Uhr
2. Weihnachtstag und Neujahr 13.30–18 Uhr
Gemütliche Reetdachkate mit zwei Stuben;
Im schönen Garten, umgeben von Obstgehölzen, Beerensträuchern, Stauden und Ziergehölzen, finden Sie verschiedene Terrassenbereiche;
Spielecke für die Kinder;
Lassen Sie sich verwöhnen: vom Frühstück über hausgebackene Kuchen und Torten, warme Speisen oder verschiedene Eisvariationen.

Rosen-Café

Christa Scholten
Am Schlosspark 2a
24960 Glücksburg/Ostsee
Tel.: 04631-601021 od. 444837
Fax: 04631-2080
www.rosen-jensen.de
Öffnungszeiten: Mai–September 10–18 Uhr täglich,
Oktober–April 12–18 Uhr, Mo. Ruhetag
Termine für Gesellschaften und Gruppen nach

SERVICE

Absprache. Torten auch nach Wunsch, z.B. mehrstöckige Hochzeitstorten. Sprechen Sie mich gerne an.
Die lauschige Terrasse gibt kleine Einblicke in das angrenzende Rosarium frei.
Gartenterrasse: ca. 70 Sitzplätze
Gastraum: ca. 50 Sitzplätze
Rosenfest jährlich am letzten Juni-Wochenende

CAFÉ ROSENGARTEN & AMBIENTE
Veronika Lass
Zingelstr. 31
25704 Meldorf
Tel.: 04832-6004280
www.caferosengarten&ambiente.de
Öffnungszeiten: Mo.–Fr. 9–12 Uhr u. 14–17 Uhr
So. 10–17 Uhr im Herbst u. Winter
So. 14–17 Uhr im Frühling u. Sommer
Im Nichtraucherbereich 30 Sitzplätze, im Raucherbereich „Alte Backstube" 24 Sitzplätze, Gartenbereich 40 Sitzplätze
Parkplätze über die Zufahrt Klosterstr.

NORDSEE-KAFFEERÖSTEREI
Fischerkai 2
25761 Büsum
Tel.: 04834-9844410
www.nordsee-kaffeeroesterei.de
Öffnungszeiten:
1. April–31. Oktober
Mo.–So. 11–18 Uhr

SCHLOSSCAFÉ
im Schloss vor Husum
Theodor-Schäfer-Berufsbildungswerk Husum
König-Friedrich-V.-Allee
25813 Husum
Tel.: 04841-8044411
Fax: 04841-8044419
www.tsbw.de
Öffnungszeiten: Di.–So. 10–17 Uhr
Mo. Ruhetag
60 Innenplätze, 40 Außenplätze

CAFÉ BRÜTT
im NordseeMuseum
Herzog-Adolf-Str. 25
25813 Husum
Tel.: 04841-800280
Öffnungszeiten: Di.–Fr. 13–17 Uhr
Sa. u. So. 10–17 Uhr, Mo. Ruhetag
36 Innenplätze, 40 Außenplätze

GALERIE-CAFÉ SCHLOSSGEFÄNGNIS
Inh. Karin Pannen
Rantzau 9
25355 Barmstedt
Tel.: 04123-6139
E-Mail: info@schlossgefaengnis.de
www.schlossgefaengnis.de
Öffnungszeiten: Sommer (1.4.–30.9.):
Mo.–Fr. 12–19 Uhr, Sa. u. So. 10–18 Uhr
Winter (1.10.–31.3.): Di.–Fr. 12–18 Uhr,
Sa. u. So. 10–18 Uhr, Mo. Ruhetag
In der Woche nach Weihnachten sind Betriebsferien.
70 Innensitzplätze, 66 Außensitzplätze.
Es werden neben Kaffee und Kuchen Buffets, standesamtliche Trauungen, Afternoon Tea und das Erlebnisessen „Knastessen" angeboten.

TILLE'S SCHEUNE
Kunsthandwerk & Café
Inh. Anja Berthold
Niendieker Strot 55b
25724 Neufeld
Tel.: 04851-964655
Fax: 04851-954226
www.tilles-scheune.de
info@tilles-scheune.de
Öffnungszeiten: ganzjährig Mi.–So.,
tägl. 13.30–17.30 Uhr
Mo. u. Di. Ruhetag
Alle Feiertage geöffnet
Gesellschaften nach Absprache
Für Ihre Feierlichkeiten stehen wir jederzeit gerne zur Verfügung, sprechen Sie mich an.
Betriebsferien: wie jedes Jahr, die ersten zwei Wochen im Januar.
Immer eine Reise wert: „Tille's Scheune"

SERVICE

DIE AUTORIN

Marion Kiesewetter, Schauspielerin und TV-Moderatorin, in Hamburg geboren, wurde als Köchin durch die TV-Sendungen „Bi uns to Hus", N 3, „Sonntagskonzert" und Johannes B. Kerners Kochsendung im ZDF bekannt. Ihre ebenfalls im Boyens Buchverlag erschienenen Kochbücher „Fürstliche Menüs – Schleswig-Holstein", „Fürstliche Menüs – Niedersachsen", „Fürstliche Menüs – Mecklenburg-Vorpommern", „Obst aus norddeutschen Gärten", „Salatexpress", „Aufgefischt I + II", „Das isst der Norden", „Auf Krabbenfang", „Eine Sünde wert …" und „Kann denn Süßes Sünde sein?" entstammen der norddeutschen Region mit ihren erstklassigen kulinarischen Angeboten.

DIE FOTOGRAFEN

Ursula Sonnenberg und ihr Mann Hans Dieter Kellner durchliefen beide eine Ausbildung zu Fotografen, sie mit einer Lehre, er auf der bekannten Münchner Akademie für Fotografie. Seit dreißig Jahren arbeiten sie im gemeinsamen Hamburger Studio an getrennten Aufgaben – sie mit „food" für Werbung und Verlage, er kreativ und technisch für die Industrie.

REGISTER

Rosen-Café
Apfelkuchen Florentiner Art	17
Calvados-Torte	19
Erdbeer-Rosen-Bowle	15
Mozart-Torte	16
Rosen-Torte	15
Tiramisu-Torte	14
Vanille-Stachelbeer-Torte	18

Café „Altes Rauchhaus"
Apfel-Schmand-Torte	31
Friesische Käsetorte	28
Kaisborsteler Schichtkuchen	26
Nougat-Torte	29
Padenstedter Windbeutel	30
Rauchhaus-Torte	27
Schwarzbrot-Torte	32
Uromas Apfelkuchen	33

Schlosscafé
Apfelkuchen mit Streusel	40
Dornfelder Kirschtorte	40
Eierlikör-Torte	45
Joghurt-Törtchen	42
Nuss-Cupcakes	43
Rhabarberkuchen mit Baiser	41
Schokoladen-Cupcakes	43
Zwetschgenkuchen mit Haselnüssen und Marzipan	44

Galerie-Café Schlossgefängnis
Erdbeer-Sahne-Torte	54
Himbeerherztorte	52
Johannisbeer-Baiser-Kuchen	53
Kirsch-Schoko-Mandel-Torte	55
Mandarinen-Paradies-Torte	57
Philadelphia-Torte	56
Schlossgefängnis-Cocktail	52
Vollwertwaffeln mit heißen Kirschen	54

2fach
Birne Cru de Cacao Pralinen	65
Mini-Obst-Tarteletts	67
70%ige Kakao-Pralinen	66
Thai Fusion Pralinen	64

Café „Hof Mühlenwurth"
Apfel-Eierlikör-Torte	74
Beeren-Frischkäse-Torte	76
Cappuccino-Joghurt-Torte	74
Erdbeer-Baiser-Torte	77
Gefüllter Sandkuchen	75
Mandelhörnchen	78
Rumkugeln	78
Schatztorte	79

Deichhof Haseldorf
Bratapfel-Torte	87
Haseldorfer Apfel-Schmand-Sahne-Torte	86
Himbeer-Mascarpone-Torte	88
Schneller Apfelkuchen im Glas	86
Schokoladen-Birnen-Torte	89

Café Obstgarten
Blechkuchen	98
Friesenbecher	98
Mohn-Mandarinen-Sahne-Torte	96
Obsttorte	99
Wolkentorte	97

Café „Alte Schule"
Birnen-Gorgonzola-Muffins	108
Dattel-Curry-Schnecken	109
Eisbecher „Fromme Helene"	109
Espresso-Chili-Torte	111
Himbeer-Baiser-Torte	106
Rote-Johannisbeer-Sekt-Torte	110
Sahnige Erdbeertorte	107
Schokopresso	106

Café Rosengarten & Ambiente
Erdbeertorte nach Ruth Moh	118
Mousse au Chocolat-Torte	119
Petit Fours	122
Tricolore	123
Zitronen-Baiser-Torte	121

Kleines Café im Gewächshaus
Dinkelbrot mit feinen Gewürzen	133
Feigentorte der Alten Gärtnerei	131
Gärtnersandkuchen	133
Gelbe Eierlikör-Torte	134
Kräuterwasser Gärtnerinnenart	130
Lavendel-Cupcakes	130
Rüblitorte	135
Sahniger Maulwurfshügel	132

Tille's Scheune
Apfel-Cranberry-Torte	146
Johannisbeer-Marzipan-Torte	145
Käse-Cranberry-Torte	144
Marzipan-Nuss-Torte	142
Schwedische Törtchen	142
Stachelbeer-Baiser-Torte	143
Zitronen-Crash-Torte	147